LE TRAVAIL

Collection **Les Grands Mots**, dirigée par Alexandre Lacroix

Édition originale parue sous le titre *Work*, © Lars Svendsen, 2008.
Traduction autorisée par Acumen Publishing Ltd edition.
Édition française publiée par l'intermédiaire de l'agence littéraire Eulama International.

www.autrement.com

LE TRAVAIL

Gagner sa vie, à quel prix ?

Lars Svendsen

Traduit de l'anglais par Léa Drouet

Éditions Autrement
Collection **Les Grands Mots**

Introduction
Mais qu'est-ce donc que travailler ?

En 1954, à quatorze ans, mon père a été engagé comme apprenti plombier sur un chantier naval à Moss, une petite ville industrielle du sud-est de la Norvège. Avec ses deux mille employés, c'était l'entreprise la plus importante de la ville. À l'époque, on y construisait essentiellement des tankers. À dix-huit ans, il est devenu plombier, et près d'une décennie plus tard, il est passé contremaître. En 2002, il a dû prendre sa retraite pour raisons de santé : il avait été exposé à de grosses quantités d'amiante au début de sa carrière sur le chantier. Il a passé toute sa vie professionnelle dans la même entreprise et j'ai toujours eu l'impression que, dans l'ensemble, il aimait ce qu'il faisait. Par ailleurs, je me rappelle qu'il avait hâte de sortir à 15 h 30 précises à la fin de sa journée ; quand j'étais petit, je l'attendais en général devant les grilles et nous rentrions à pied à la maison. Il y avait alors une distinction très stricte entre le travail et les loisirs, et mon père avait peu de contacts avec ses collègues en dehors du chantier. Si un collègue particulièrement proche était malade, il pouvait lui rendre visite dans l'après-midi, sinon travail et loisirs étaient des sphères sociales strictement cloisonnées. Il ne semble pas s'être posé la question de savoir si son métier « avait un sens » ou si c'était l'expression de son « moi profond ».

Cette description de la carrière de mon père est à bien des égards à l'exact opposé de la représentation que l'on a aujourd'hui de la vie professionnelle. Selon l'idéologie en vogue à l'heure actuelle, les collègues devraient être des amis, le travail est censé avoir du sens tout en étant divertissant et il est considéré avant tout comme un outil de réalisation de soi. En outre, avec le développement des nouvelles technologies, on a assisté à une déréglementation du lieu et de la durée du travail, de sorte que la distinction entre travail et loisirs est devenue floue. Nous changeons d'activité de plus en plus souvent. De nos jours, rares sont ceux qui ont un emploi à vie, les changements de carrière radicaux étant de plus en plus courants. Enfin, même si nous vivons plus longtemps qu'auparavant, nous passons moins d'années à travailler.

Le type de profession que j'exerce incarne *a priori* la réalisation de soi par excellence, puisque, dans une large mesure, je peux organiser ma journée exactement comme je le souhaite. Malgré cela, je m'interroge souvent : mon travail a-t-il réellement un sens ? Est-ce bien cela que je suis censé faire de ma vie ? Une fois par mois au moins, je songe à quitter l'université pour trouver une occupation plus utile. La différence entre la génération de mon père et la mienne, en termes de perception du travail, semble si importante que l'on serait tenté de dire que nous vivons dans des mondes différents. Et pourtant, je pense que mon père et moi avons beaucoup plus de points communs qu'il n'y paraît dans notre expérience du travail. Bien qu'il n'ait jamais beaucoup réfléchi à la notion de travail et d'identité, son emploi au chantier naval constituait à l'évidence une composante majeure de la personne qu'il pensait être et de la façon dont il était perçu par les autres. Sans cette profession, sa vie aurait été privée d'une source importante de sens. Il en va de même pour mon métier de philosophe. Lui comme moi, nous prenons notre travail au sérieux ; l'orgueil y est certainement pour quelque chose. Bien qu'aucun d'entre nous ne soit particulièrement religieux, nous sommes tous les deux protestants pour ce qui est de notre éthique professionnelle, et sans le travail, nous serions probablement complètement désorientés. (Depuis qu'il a pris sa retraite, mon père a failli rendre folle ma mère avec son incapacité à se détendre plus de quelques minutes ; il a d'ailleurs redécoré plusieurs fois toutes les pièces de la maison.) L'idée d'une vie sans travail nous plongerait à coup sûr dans le désespoir.

Imaginez un instant un monde sans travail. Ce serait un monde très différent de celui dans lequel nous vivons, mais il n'est pas certain, loin s'en faut, que ce serait un monde *meilleur* pour autant.

L'emploi ne serait plus le marqueur essentiel de notre identité. Les relations sociales devraient s'établir sur de nouvelles bases. Nous perdrions une partie – peut-être même l'essentiel – de ce qui constitue notre but dans l'existence. Nous aurions plus de temps, mais pour quoi faire ? Nous devrions réimaginer toute notre vie. Certains affirment que « la fin du travail » approche, que notre destin historique serait de vivre sans travailler. Même si je ne partage pas ce point de vue, cette idée offre toutefois un exercice de réflexion intéressant, car elle témoigne de la place qu'occupe réellement cette activité dans notre vie.

Le présent ouvrage s'intéressera davantage aux aspects existentiels du travail qu'à ses aspects politiques. Le *sens* qu'il revêt constituera l'objet principal de cette étude. Bien entendu, il ne me viendrait pas à l'esprit de penser que l'on puisse faire une distinction stricte ou « analytique » entre les aspects existentiels et politiques, tant il est vrai que travail et politique sont étroitement liés depuis que les deux existent. C'est simplement une affaire de priorité. Les questions de genre, de classe sociale, d'appartenance ethnique, de handicap, de migrations et de mondialisation ne seront pas traitées en profondeur. Je m'appuierai sur diverses sources philosophiques, historiques et sociologiques, mais c'est au grand public que je m'adresse. Je me limiterai en outre aux sociétés occidentales : ce serait un essai tout à fait différent si je devais étudier les conditions de travail dans les pays en développement.

On pourrait se demander ce qu'un philosophe peut bien connaître du travail. Après tout, me direz-vous, faire de la philosophie, ce n'est pas un « vrai boulot ». Je peux tout à fait comprendre ce que vous voulez dire. J'imagine que la plupart de ceux qui deviennent philosophes le font par vocation, avec le sentiment que c'est ce qu'ils sont *appelés* à faire dans la vie. Il se peut que d'autres considèrent que faire de la philosophie à plein temps s'apparente davantage à des vacances permanentes qu'à une vocation. Lire des livres, réfléchir allongé sur un divan, écrire quelques pages et énoncer des pensées prétendument « profondes », ça ne ressemble pas vraiment à du travail, n'est-ce pas ? Au cas où certains lecteurs se demanderaient si j'ai déjà eu un « vrai job », mes huit années d'agent de nettoyage à temps partiel pourraient être prises en considération. J'avoue néanmoins que je me garde bien de suivre la recommandation de John Locke selon laquelle un chercheur devrait passer trois heures par jour à faire des travaux manuels parce qu'il faut exercer son corps, et pas seulement son esprit.

Une grande partie de la littérature universitaire qui traite du travail semble être produite à une distance si grande de son objet qu'elle finit par perdre tout lien avec celui-ci ; de la sorte, le discours semble déconnecté de toute réalité, si ce n'est celle de la machine académique. Ce danger guette peut-être particulièrement les philosophes. Toute philosophie digne de ce nom part de l'expérience. En ce sens, elle est une réflexion sur une expérience ou un sens préexistants. La philosophie tire donc son contenu et sa légitimité d'une matière préphilosophique, et je crois qu'il lui faut préserver cela si elle veut garder sa légitimité. Le problème, avec nous autres universitaires, c'est que nous avons trop souvent tendance à nous abîmer dans des abstractions et à perdre de vue les expériences qui, au départ, nous ont amenés à philosopher.

Pour comprendre le rôle que joue aujourd'hui le travail dans nos vies, il faut examiner ce qu'il représentait pour les générations précédentes. On a besoin du passé pour déchiffrer le présent. Il y a un siècle, les travailleurs n'étaient pas payés pour leurs heures supplémentaires et n'avaient ni congés payés, ni couverture médicale, ni retraite, ni sécurité de l'emploi, ni allocations chômage. Leurs journées étaient beaucoup plus longues et ils auraient probablement considéré nos horaires actuels comme un « temps partiel ». Je ne prétends pas qu'à notre époque le travail soit parfait – au contraire, je crois qu'on peut difficilement ne pas éprouver une ambivalence profonde à son égard –, mais en comparaison de ce qu'il était autrefois, nous devrions nous estimer heureux. Il est donc étrange que tant de personnes jugent que, de façon générale, la vie professionnelle s'est détériorée. Selon une étude réalisée par le Pew Research Center en 2006, les Américains ont l'impression qu'aujourd'hui il faut travailler plus pour gagner moins, avec moins d'avantages et une sécurité de l'emploi plus précaire qu'il y a une génération. Ont-ils raison de penser cela ? Si l'on compare les salaires réels, les horaires et le taux de chômage de la génération précédente avec les chiffres d'aujourd'hui, ce pessimisme semble peu fondé. Il y a peut-être une sécurité de l'emploi moindre dans beaucoup de pays, mais il n'en reste pas moins que la plupart de ceux qui quittent leur employeur le font par choix, et non parce qu'ils perdent leur poste.

Cette attitude négative à l'égard de la vie professionnelle peut être considérée comme faisant partie intégrante de la notion même de travail. L'étymologie des mots qui désignent cette activité dans différentes langues indique qu'il s'agit de quelque chose d'extrêmement déplaisant. C'est particulièrement clair en français, où le mot « travail » vient du latin *tripalium,* qui désignait un instrument de torture composé de trois pieux. Le grec *ponos* signifie « douleur », le latin *labor* fait référence à une corvée, et l'allemand *Arbeit* renvoie à la notion de difficulté et d'adversité. L'hébreu *avoda* a la même racine qu'*eved,* l'« esclave ». Les dictionnaires modernes, eux, ne sont pas aussi négatifs. Si l'on consulte un dictionnaire anglais au mot *work,* on trouvera généralement des définitions telles qu'« emploi », ou « qui implique un effort physique ou mental », ou encore « organiser quelque chose pour en tirer bénéfice », « utiliser un certain type de matériel pour produire un objet », etc. Le terme recouvre des activités assez différentes ; par exemple, on peut avoir un emploi sans utiliser d'outil spécifique ou sans produire d'objet matériel, et en ce sens, beaucoup de métiers sont « improductifs ». Le terme signifie aussi « faire de l'exercice » *(work out)*, ou même « se débarrasser » *(work off)* d'un sentiment ou d'une pensée désagréables en faisant de l'exercice. En anglais, le mot *work* a d'autres significations encore, mais le sens que nous privilégierons dans cet ouvrage est celui d'« emploi ». Cela dit, le terme « emploi » est lui-même polysémique. Au nombre de ses principaux sens, on trouve « travail rémunéré » ou « tâche ou type de travail particulier que l'on doit faire ». Il paraît impossible de définir ce mot sans utiliser le terme qu'il était censé expliciter, à savoir « travail ». On n'est donc guère avancé.

Les dictionnaires définissent notamment le travail comme une dépense d'énergie, l'exercice d'un effort physique dans un but précis. Pourtant, tout ce qui requiert un effort ne peut être considéré comme du travail. Jouer au tennis est épuisant, mais très peu de gens soutiendraient que cela revient à travailler. Comme le faisait remarquer le scientifique Robert Boyle dans les années 1640 : « Le tennis, dont nos gentlemen font un loisir, est beaucoup plus épuisant que ce dont beaucoup d'autres font leur travail ; et pourtant, les premiers s'y adonnent avec plaisir alors que les autres le détestent, parce que l'on fait l'un par nécessité et l'autre par choix. » Lorsque j'étais adolescent, j'ai beaucoup joué au tennis, jusqu'à trois ou quatre heures par jour l'été. J'essayais constamment d'améliorer mon jeu et mes performances en compétition. Mais l'entraînement, aussi pénible soit-il, ne peut compenser que jusqu'à un certain point l'absence de dispositions naturelles : à l'âge de dix-sept ans, j'ai donc arrêté après avoir pris conscience que j'avais atteint mon niveau maximal, et que ce maximum était bien au-dessous du niveau des meilleurs joueurs du pays. À l'époque, je prenais le tennis très au sérieux, et à l'exception de la rédaction de ma thèse de doctorat, je n'ai jamais investi autant d'efforts dans quoi que ce soit. Pourtant, personne n'aurait parlé de « travail » au sens propre du terme. La quantité d'effort fourni ne semble donc pas constituer un élément essentiel pour déterminer si une activité doit ou non être définie comme travail. Il est évident que l'on a besoin d'un autre critère. Mon frère, beaucoup plus doué que moi, faisait partie des meilleurs joueurs du pays. Il a songé un moment à faire du tennis à plein-temps pour tenter de devenir professionnel. Finalement, il a préféré faire des études, ce qui était probablement un choix judicieux, mais s'il était devenu joueur professionnel, la pratique de ce sport aurait pu être qualifiée de « travail », surtout si elle lui avait procuré un revenu décent. Il aurait alors cessé d'être un amateur, c'est-à-dire quelqu'un qui fait quelque chose uniquement pour l'amour *(amare)* de cette chose.

L'économiste Alfred Marshall a proposé la définition suivante : « une fatigue de l'esprit ou du corps acceptée partiellement ou complètement en vue d'un avantage autre que le plaisir qu'on en tire directement[1] ». À l'évidence, cette définition n'est pas suffisante non plus, car il y a beaucoup d'activités que l'on ne considère pas comme du travail et qui pourtant y correspondraient : si l'on faisait une longue promenade uniquement pour se faire plaisir, ce serait un loisir, mais dès qu'une autre motivation interviendrait – se remettre en forme, par exemple –, cette activité passerait dans la catégorie travail.

L'argent est peut-être alors le facteur déterminant pour décider si quelque chose devrait ou non être défini comme du travail. Pourtant, cela ne semble pas non plus être le cas. Les années que ma mère a passées à la maison à s'occuper de mon frère et de moi comptaient-elles comme « loisir », tandis que ses années de comptable pour les services sociaux auraient représenté un « vrai boulot » ? J'imagine qu'elle ne serait pas d'accord. On pourrait prendre un exemple plus extrême avec l'esclavage, même si certains diront que les tâches domestiques s'apparentent à de l'esclavage. En effet, les esclaves ne sont pas payés, mais pour autant on peut difficilement affirmer qu'ils ne travaillent pas. Une grande part du travail accompli à travers l'histoire – depuis les bâtisseurs de pyramides de l'Égypte ancienne jusqu'aux Africains qui s'échinaient dans les plantations de coton américaines – a été le fait d'esclaves non payés. Inclure le facteur argent ne nous aide donc pas non plus à donner une définition satisfaisante.

La plupart du temps, c'est notre intuition qui nous guide pour savoir si une activité s'apparente ou non à du travail ; nous n'avons pas besoin d'une définition. Cela me rappelle le verdict rendu en 1964 à l'issue du procès pour obscénité Jacobellis contre Ohio, dans lequel le ministre de la Justice Potter Stewart déclarait : « Je n'essaierai pas aujourd'hui de définir plus avant le type de matériau dont je comprends qu'il s'agit dans cette brève description ; et peut-être ne parviendrais-je jamais à le faire de façon intelligible. Mais je le reconnais quand je le vois. » On sait en général ce qui constitue du travail ou non lorsqu'on le voit. Toutefois, il peut être parfois difficile de fixer la ligne de démarcation et de décider de quel côté situer une activité. Je prendrai juste un exemple : la mendicité est-elle du travail ? Contrairement à l'opinion dominante, George Orwell le pensait. Dans son livre *Dans la dèche à Paris et à Londres*, il écrit :

> Les mendiants ne travaillent pas, dit-on. Mais alors, qu'est-ce que le travail ? Un terrassier travaille en maniant un pic. Un comptable travaille en additionnant des chiffres. Un mendiant travaille en restant dehors, qu'il pleuve ou qu'il vente, et en attrapant des varices, des bronchites, etc. C'est un métier comme un autre. Parfaitement inutile, bien sûr – mais alors, bien des activités enveloppées d'une aura de bon ton sont elles aussi inutiles. [...] Un mendiant, à voir les choses sans passion, n'est qu'un homme d'affaires qui gagne sa vie comme tous les autres hommes d'affaires, en saisissant les occasions qui se présentent. Il n'a pas plus que la majorité de nos contemporains failli à son honneur : il a simplement commis l'erreur de choisir une profession dans laquelle il est impossible de faire fortune[2].

Je pense qu'Orwell avait raison. Il nous serait difficile de donner une définition qui exclut la mendicité, mais qui inclut toutes les autres activités que nous avons tendance à considérer comme du « travail ».

Pour ce qui me concerne, je dois reconnaître que, souvent, ma profession est telle que j'hésite à la cataloguer comme « travail », même si je suis payé pour cela. Il m'arrive régulièrement de décider de rester à la maison pendant quelques jours plutôt que de me rendre à mon bureau à l'université ; je peux alors passer mes journées allongé sur le divan de mon salon, mes chats sur les genoux, à siroter mon café et à fumer des cigarettes tout en lisant un livre que je trouve tellement intéressant et distrayant que je l'aurais lu de toute façon pendant mon temps libre. Aristote n'aurait pas vu le moindre travail dans ce que je fais ; il aurait plutôt considéré cela comme du loisir. Ce n'est qu'assez récemment dans l'histoire de l'humanité, avec l'émergence de la profession d'universitaire, que ce que je fais a commencé à être qualifié de métier.

Il y a eu des époques pendant lesquelles la distinction était relativement claire, par exemple lorsqu'un ouvrier vendait ses bras au propriétaire d'une usine pour un laps de temps déterminé et qu'il passait ce temps à l'usine. Il y avait alors une démarcation assez nette entre travail et loisirs, entre le temps qui appartenait aux employeurs et celui qui était propre aux ouvriers. Cette distinction était étroitement liée à la séparation entre espace professionnel et espace privé. Le travail pouvait alors être défini en termes de temps et de lieu. Bien entendu, c'est toujours le cas pour un grand nombre de personnes, probablement la majorité, mais de nouveaux types d'emplois sont apparus, pour lesquels on ne doit pas se rendre chaque jour dans un lieu spécifique – on peut passer certains jours au bureau et d'autres à la maison. On ne travaille pas non plus pendant un nombre d'heures déterminé. C'est vrai en particulier pour ce qui est de la catégorie toujours plus nombreuse des « travailleurs du savoir » : il est d'ailleurs relativement difficile de déterminer exactement quand ils travaillent. L'émergence de nouvelles technologies comme le téléphone mobile et Internet a eu un impact important sur ces distinctions. On peut dire qu'avec cette nouvelle flexibilité, la frontière même entre travail et loisir est devenue floue, en matière de temps comme d'espace. Les horaires flexibles sont de plus en plus courants, et les gens ont des emplois du temps plus individualisés que par le passé. Ce que l'on pourrait appeler l'« espace flexible » a également pris de l'ampleur : peu importe le lieu, pourvu que le travail soit fait. Pour beaucoup d'actifs, le bureau n'est plus une pièce spécifique dans un bâtiment déterminé, mais plutôt l'équipement qu'ils ont avec eux : ordinateur portable et téléphone mobile.

Le travail peut être rémunéré ou non, distrayant ou ennuyeux, libérateur ou apparenté à de l'esclavage. C'est une malédiction pour certains, une bénédiction pour d'autres, et un peu des deux pour la plupart d'entre nous. Bertrand Russell écrit ainsi dans *La Conquête du bonheur* : « Il y a dans le travail, suivant la nature de l'ouvrage et les capacités du travailleur, mille nuances allant du simple soulagement de l'ennui aux délices les plus grands[3]. » Il peut constituer une expérience radicalement différente selon les individus. Les généralisations ont donc tendance à être trompeuses, car il peut recouvrir des situations très différentes – et il en a toujours été ainsi. Pour certains, il est comme ci ; pour d'autres, comme ça : tout dépend de la personne qui parle et du type de poste qu'elle occupe.

Le travail est l'une des caractéristiques les plus universelles de l'existence humaine. Presque tout le monde est concerné. Comme l'écrivait Karl Marx, il est, « de toute éternité, une condition naturelle de l'existence humaine[4] ». Très peu de gens arrivent à s'y soustraire. La plupart du temps, même ceux qui n'ont pas besoin d'un revenu travaillent. Cette universalité peut aussi être relativement trompeuse, tant il s'agit d'un phénomène multiforme. Un professeur de philosophie norvégien, un chef d'entreprise américain et un producteur de café colombien travaillent tous les trois, mais il y a probablement davantage de différences que de similitudes entre leurs expériences professionnelles. Il faut donc se méfier des déclarations globalisantes. Néanmoins, on est contraint de faire usage de ce type de généralisations et de simplifications si l'on veut tenter d'appréhender un tant soit peu le phénomène.

Au niveau le plus élémentaire, le travail consiste à modifier le monde extérieur pour pourvoir à ses besoins essentiels. Nous travaillons pour survivre. Bien entendu, ce modèle simple s'applique beaucoup plus directement aux sociétés agricoles qu'aux sociétés modernes. Au fur et à mesure que l'histoire de l'humanité a évolué, le lien entre travail et survie est devenu de plus en plus lâche. Il y a un gouffre entre, d'un côté, la relation immédiate que les populations des sociétés agricoles entretenaient avec la nourriture et les vêtements qu'elles avaient fabriqués eux-mêmes et, de l'autre, le mode de vie du programmeur informatique : si les informaticiens ne devaient consommer que ce qu'eux-mêmes produisent, ils mourraient de faim et de froid. Dans leur cas, il existe encore un lien entre production et consommation, mais il est plus indirect puisqu'il se fait par la médiation de l'argent.

Outre le fait qu'il permet de se procurer des biens externes – nourriture, vêtements, logement, voiture ou télévision à écran plat –, le travail a également une autre fonction : il offre des biens internes comme le plaisir et le développement personnel. Certains affirment même que ce n'est qu'à travers lui que nous pouvons devenir qui nous sommes, c'est-à-dire réaliser notre potentiel humain. Nous ne nous contentons pas de créer quelque chose d'extérieur à nous-mêmes : nous façonnons en même temps notre identité propre. À force d'exercer une activité qui occupe un si grand nombre de nos heures d'éveil pendant tant d'années, nous en apprenons beaucoup sur nous-mêmes, sur nos capacités, notre relation aux autres et notre rôle dans la société. Le travail est l'axe central autour duquel nous organisons notre vie. On ne peut échapper à cette question si l'on réfléchit à ce que l'on va faire de sa vie. Ou à ce que l'on en a fait.

Il semble que le travail soit un élément constitutif de l'idée que l'on se fait de l'identité. Dans une chronique nécrologique, la profession occupe généralement une place prééminente dans la description d'une vie. Et la plupart du temps, lorsque l'on rencontre une personne, on lui demande ce qu'elle fait – sous-entendu pour gagner sa vie, comme si cela permettait de comprendre immédiatement à quel type d'individu on a affaire. Si l'on fait la connaissance de quelqu'un à une fête et que l'on apprend qu'il est psychologue, caissier, musicien, pompier ou banquier d'investissement, notre perception de cette personne sera inévitablement influencée par sa profession. Dans la série télévisée américaine *Seinfeld*, George Costanza, le personnage principal, qui est loin d'avoir une vie professionnelle impressionnante, ment régulièrement à ceux qu'il rencontre et s'invente un travail beaucoup plus passionnant que le sien. Il se présente comme architecte ou spécialiste en biologie marine uniquement afin de passer pour quelqu'un de plus intéressant. Lorsque le pot aux roses est découvert, il apparaît d'autant plus pathétique. Il n'en reste pas moins évident que l'on se forge une idée de la personne que l'on a en face de soi à partir de sa profession.

Déductions qui se révèlent souvent erronées, mais pas pour autant totalement infondées. Ce que nous faisons tous les jours influe forcément sur notre rapport au monde et à nous-mêmes. Personne ne peut laisser son moi professionnel au bureau et l'empêcher d'avoir accès, ne fût-ce qu'en partie, aux autres domaines de sa vie. Bien entendu, tout le monde ne s'identifie pas de la même façon à sa profession. Certains en font le fondement principal de leur identité, alors que d'autres attachent davantage d'importance à leurs relations amicales et familiales ou à leur hobby.

Souvent, les philosophes et les sociologues passent tellement de temps à décrire les désagréments causés par le travail qu'ils occultent les satisfactions que celui-ci peut apporter. Il serait pourtant difficile d'imaginer un emploi qui ne procure aucun « bien interne », c'est-à-dire aucune récompense autre que l'argent. Bien entendu, tous les métiers n'offrent pas la même quantité de biens. Un poste qui correspond à ses principaux centres d'intérêt, qui permet d'être parmi des gens dont on apprécie la compagnie et qui donne l'impression de contribuer un tant soit peu à rendre le monde meilleur comporte à l'évidence davantage de biens internes qu'une activité qui ne permettrait rien de tout cela. Il serait faux d'affirmer qu'« un travail est un travail ».

Le fait qu'il s'agisse d'un phénomène aussi varié nous interdit donc de répondre simplement à la question de savoir ce qu'il est. Il n'existe pas de vérité unique, mais une multitude de définitions selon qui nous sommes, ce que nous faisons, comment nous le faisons et pourquoi nous le faisons. Cet ouvrage n'a pas vocation à présenter et à soutenir une « thèse » sur le travail. Il s'agit plutôt d'un ensemble d'instantanés destinés à illustrer les divers aspects de cette activité, ce qu'elle a été, ce qu'elle est et ce qu'elle deviendra peut-être. Je ne cherche pas à donner des réponses au lecteur sur la façon dont il devrait envisager le travail. Étant donné l'hétérogénéité de cette notion, sans parler de la diversité humaine, toute réponse prétendument universelle serait relativement trompeuse. J'opterai donc pour un objectif plus modeste, à savoir offrir des perspectives et des suggestions. Comme l'écrivait Ludwig Wittgenstein dans un texte intitulé *Culture et Valeur*, le travail de la philosophie est en fait davantage un travail sur soi-même, sur sa propre conception du monde, sur la façon dont on voit les choses et ce que l'on en attend. Je pense qu'il avait raison. Ce genre d'introspection ne peut pas être « sous-traité ». On doit le faire soi-même. J'espère que cet ouvrage incitera le lecteur à se livrer à quelques réflexions et l'aidera à saisir un certain nombre de choses qui auraient pu lui échapper.

De l'esclavage antique à l'*open space*

Lorsque l'on étudie l'histoire des idées, deux perspectives essentielles émergent à propos du travail : là où certains y voient une malédiction vide de sens, d'autres y voient une vocation signifiante. La première attitude a dominé de l'Antiquité jusqu'à la Réforme, la seconde prévaut depuis lors.

Personne n'a probablement tenu le travail en aussi piètre estime que les philosophes grecs classiques. En grec ancien, il n'existe pas de mot distinct pour le nommer, pas plus que pour ce que nous appelons l'« art ». Les Grecs utilisaient des termes différents pour les diverses activités productives. *Ponos,* le mot que l'on traduit souvent par « travail », désigne avant tout une activité fatigante, mais pas nécessairement productive. Comme il n'existe pas de terme unique pour « travail », faute de mieux, nous plaquerons nos concepts d'aujourd'hui sur la culture grecque, tout en évitant autant que possible les anachronismes.

Bien qu'il soit communément admis qu'aucune culture n'a davantage détesté le travail que celle des

Grecs anciens, le tableau est en réalité plus subtil. Le poète Hésiode tenait le travail pour pénible, mais il pensait aussi que c'était par lui que l'on obtiendrait la bénédiction des dieux. Dans *Les Travaux et les Jours*, le poème qu'il a écrit au VIIe siècle avant notre ère, il explique ainsi :

> Dieux et hommes critiquent la vie oisive de l'homme tout semblable aux frelons inoffensifs et folâtres, qui, sans rien faire, s'en vont mangeant le labeur des abeilles et le consument ! À toi de suffire aux travaux qui conviennent, pour que tes granges regorgent du fruit saisonnier de la terre. C'est du travail que les hommes tirent troupeaux et richesses, par le travail qu'ils se font aimer des dieux qui ne meurent, et des hommes mortels : inactifs, ils attirent la haine. Pas de travail blâmable, l'inaction seule est blâmable. Va travailler : l'inactif enviera bientôt ta richesse[1].

La morale des *Travaux et les Jours*, c'est que le labeur est le lot de l'humanité : il n'y a pas d'échappatoire. Mais ceux qui sont prêts à travailler dur accéderont à la richesse et jouiront d'une vie agréable. Dans le même temps, Hésiode est très clair : l'homme aurait une vie bien meilleure s'il ne devait pas travailler, s'il vivait à l'âge d'or, lorsque la terre produisait de la nourriture en abondance et que le travail était tout simplement superflu. Malheureusement, cet âge est révolu ; il n'existe donc pas d'autre choix.
La description du travail dans *Les Travaux et les Jours* montre que les Grecs en avaient une conception

beaucoup plus nuancée que ce que l'on pense communément aujourd'hui. Pour eux, la distinction cruciale était celle qui séparait les activités nécessaires des activités volontaires, et non celle qui distinguait les activités productives et improductives. Ce n'était pas le travail en tant que tel qui était avilissant, mais uniquement celui qui était accompli par nécessité. Si l'on regarde, par exemple, les héros homériques de *L'Iliade* et de *L'Odyssée*, on voit qu'ils sont engagés dans toutes sortes d'activités productives, comme lorsque Achille découpe de la viande ou qu'Ulysse construit une maison et un bateau ; ce dernier fabrique même son propre lit ! Rien n'indique que ces tâches amoindrissent de quelque manière que ce soit leur statut de héros, car c'est quelque chose qu'ils ont décidé de faire de leur propre gré. S'ils l'avaient voulu, ils auraient simplement pu demander à quelqu'un d'autre de le faire à leur place. Il s'agit donc d'un acte gratuit qui constitue une fin en soi. Telle est la différence fondamentale entre leurs actions et celles de l'artisan ou du travailleur manuel ordinaire. Le travailleur ordinaire s'avilissait parce qu'il devait produire quelque chose par nécessité, pour subvenir à ses besoins, alors qu'un aristocrate pouvait produire exactement le même objet uniquement parce qu'il en avait envie, sans être humilié par cette activité car elle était volontaire. En résumé, une tâche était considérée ou non comme dégradante selon le statut social de la personne qui l'accomplissait.

Les individus qui devaient travailler étaient tenus pour inférieurs. Ce qui était jugé avilissant, c'était la position sociale de la personne contrainte de pourvoir à ses besoins matériels ; l'activité en elle-même ne posait pas de problème. Donc, si un aristocrate décidait de fabriquer une chaise, il n'en était pas pour autant déshonoré puisqu'il était libre de faire ce qu'il voulait, contrairement au charpentier, que les nécessités économiques contraignaient à produire cette même chaise. Qui plus est, le charpentier était soumis au désir du client et manquait ainsi d'autonomie. Or on pensait que tout homme qui n'était pas indépendant de la volonté d'autrui ne serait pas non plus indépendant dans le débat politique, et qu'il fallait donc lui dénier toute influence politique. Mais avec Platon et Aristote, les choses ont changé : le simple fait de travailler est devenu déshonorant, et même corrupteur de l'âme.

Les Grecs ont commencé à établir une classification des différents travaux en fonction de leur pénibilité, ceux qui demandaient le plus d'effort physique étant en général considérés comme les plus méprisables. Pour Aristote, ce sont ces activités qui s'apparentaient le plus à celles de l'esclave[2]. Il reconnaissait qu'un artisan pouvait posséder une certaine connaissance, mais limitée à un domaine d'expertise bien spécifique. Cet homme ne développait pas assez ses capacités intellectuelles pour pouvoir saisir la véritable essence de la vertu[3]. De ce fait, il ne pouvait devenir un bon citoyen, et il en allait de même pour les paysans ; pourtant, on ne sait pourquoi,

Aristote était prêt à envisager une exception pour les peintres et les bergers[4].

Pourquoi le travail manuel et le commerce étaient-ils considérés comme avilissants ? Dans le cas du premier, ce n'était pas simplement le fait qu'il impliquait une activité physique. Les philosophes grecs avaient en général un *a priori* favorable à l'égard de l'exercice physique et des sports. Platon lui-même était lutteur ; son nom de naissance était Aristocles, mais nous le connaissons par le surnom que lui avait donné son entraîneur de lutte et qui signifie « large » ou « large d'épaules ».

Qu'y avait-il donc de si problématique avec le travail manuel ? De fait, le travailleur manuel, ou *banausos*, était considéré peu ou prou comme un esclave. Platon opère une distinction stricte entre le *banausos* et le philosophe, estimant que seul ce dernier est véritablement libre[5]. En outre, alors que le sport et les loisirs préparaient le corps et l'esprit à la chose militaire et politique, le travail manuel les épuisait, les rendant inutiles.

En réalité, les positions de Platon ne sont pas si tranchées : il critique également les riches qui s'adonnent à une vie de loisirs, affirmant qu'ils devraient considérer le charpentier comme un modèle. Il estime aussi que les étudiants en philosophie devraient chérir toutes les formes de travail, y compris le travail manuel[6].

Pourtant, c'est traditionnellement le rejet des activités manuelles qui est mis en avant lorsque l'on présente la pensée du philosophe. Cette idée est exposée de façon encore plus explicite par Xénophon, le contemporain de Socrate, qui fait dire à ce dernier dans son dialogue *De l'économique* :

> Les arts appelés mécaniques sont décriés, et c'est avec raison que les gouvernements en font peu de cas. Ils ruinent le corps de ceux qui les exercent et qui s'y adonnent, en les forçant de demeurer assis, de vivre dans l'ombre, et parfois même de séjourner près du feu. Or, quand les corps sont efféminés, les âmes perdent bientôt toute leur énergie. En outre, les arts manuels ne vous laissent plus le temps de rien faire ni pour les amis ni pour l'État, en sorte qu'on passe pour de mauvais amis et de lâches défenseurs de la patrie. Aussi, dans quelques républiques, principalement dans celles qui sont réputées guerrières, il est défendu à tout citoyen d'exercer une profession mécanique[7].

Dans sa *Politique,* Aristote donne au terme *banausos* un sens péjoratif, puisqu'il évoque quelqu'un de grossier et au corps dégradé[8]. Il compare l'esclave et le travailleur manuel, affirmant que non seulement les esclaves, mais aussi tous les autres travailleurs sont asservis par la volonté d'autrui. Selon lui, « la guerre doit être en vue de la paix, les affaires en vue du loisir[9] ». Le travail ne peut jamais être autre chose qu'un moyen de parvenir à une fin pour ces âmes infortunées qui ne sont pas assez riches pour échapper à cette terrible malédiction. Il fait obstacle à la réalisation du potentiel humain parce qu'il prend du temps et de l'énergie qui pourraient être consacrés au développement de la vertu, véritable but de l'existence humaine. Il constitue en outre un frein au bon usage et au développement de la raison.

Étant donné le peu d'estime que Platon et Aristote professaient pour le travail manuel, on pourrait penser qu'ils avaient une opinion un peu meilleure du commerce, qui n'épuise pas autant le corps, or rien n'est plus faux. Dans *La République*, Platon place les commerçants tout en bas de sa hiérarchie. Ce sont des gens mus par leur appétit plutôt que par la raison et Platon explique on ne peut plus clairement que la république irait à sa perte s'ils devaient jouir d'une quelconque influence politique. Dans *Les Lois*, il pousse la dérision encore plus loin lorsqu'il écrit que le commerce produit des hommes sournois et indignes de confiance, ce qui a pour effet de rendre les citoyens inamicaux et méfiants les uns envers les autres[10]. Il estime par conséquent qu'il serait criminel pour les citoyens de l'État de vivre du commerce ; ce type d'activité sera donc réservé aux étrangers, qui devront être surveillés de près, vu que les commerçants sont connus pour être des escrocs[11].

Aristote est également très clair sur le fait que les commerçants ne devraient pas avoir d'influence politique[12]. Le marchand subvient à ses besoins sur la base de valeurs erronées et commet même l'erreur fondamentale de considérer le profit comme une fin en soi[13]. On peut difficilement être plus éloigné de la vision aristotélicienne d'une vie bonne.

Toute la raison d'être de l'existence humaine, selon lui, est de parvenir au bonheur, ce qui équivaut à « bien vivre » *(Éthique à Nicomaque)*. Le bonheur et le fait de bien vivre sont identiques. Le bonheur est la seule chose qui constitue une fin en soi, tout le reste n'étant qu'un moyen au service de cette fin. Or, pour Aristote, le commerçant confond le profit, qui ne peut jamais être autre chose qu'un moyen, avec la fin. Il vit ainsi une existence unidimensionnelle et se montre inapte à développer la plupart de ses qualités humaines ; le marchand est vulgaire et stupide, car incapable de raisonner correctement par rapport aux choses qui aident à vivre bien.

On a souvent pensé que la vision des philosophes grecs était représentative du statut du travail dans la Grèce antique, or ce n'est pas nécessairement le cas. Au contraire, les artisans semblaient tirer une grande fierté de leur activité. On a d'ailleurs retrouvé plusieurs épitaphes où ils se vantaient de leur savoir-faire. Qui plus est, il y avait à l'époque des concours d'artisans au terme desquels le gagnant recevait une couronne. Un grand nombre de sculptures, de poteries et de plaques commémoratives représentent des artisans au travail, ce qui semble également indiquer que la vision des philosophes n'était pas nécessairement partagée par tous. Malgré cela, on a souvent tendance à considérer les conceptions de Platon et d'Aristote comme l'opinion « officielle » sur le travail dans la Grèce antique.

Au Moyen Âge, avec l'émergence de la culture chrétienne, les choses évoluent. Dans la pensée chrétienne, le travail tel qu'on le connaît est le résultat de l'expulsion d'Adam et Ève du jardin d'Éden. À Éden, point de labeur mû par la nécessité : Adam et Ève pouvaient simplement tendre la main et manger des fruits sur les arbres. Mais un fruit était interdit, et si on le mangeait, la punition était sévère : on était chassé du paradis. À partir de là, les humains ont été soumis au fardeau du travail : « À la sueur de ton visage tu mangeras ton pain, jusqu'à ce que tu retournes à la terre » (Genèse 3, 19). Au Moyen Âge, on continue de considérer le travail comme une malédiction, mais il est aussi un *devoir* – idée inconcevable pour les philosophes grecs. Les idéaux chrétiens introduisent une perspective radicalement nouvelle. Au IVe siècle, saint Augustin, un des Pères de l'Église, condamne l'oisiveté et encourage les moines de Carthage à entreprendre des travaux manuels. Pour saint Benoît, le fondateur du monachisme au VIe siècle, le travail fonctionne comme une pénitence, une punition pour la chair. C'est aussi ce qui nous empêche d'être oisifs, or l'oisiveté est considérée comme nuisible : « L'oisiveté est ennemie de l'âme. C'est pourquoi, à certaines heures, les frères doivent s'occuper au travail des mains, et à certaines autres à la lecture des choses divines » (*Règle de saint Benoît*, chap. XLVIII). Selon Thomas d'Aquin, le philosophe et théologien du XIIIe siècle, tous les humains ont le devoir de travailler afin de s'améliorer, d'aider les autres et de rendre grâce à Dieu. Il s'agit de la première étape vers ce qui deviendra plus tard l'éthique protestante du travail. À l'époque, le travail joue encore un rôle secondaire dans la relation à Dieu, où la prière et la méditation sont beaucoup plus essentielles, et continue à être considéré comme dénué de toute valeur intrinsèque.

Tout cela va radicalement changer avec la Réforme, qui voit dans le travail une activité bénéfique pour tous, même pour les riches, et élargit considérablement l'idée de *vocation*. La notion de vocation ou d'appel intérieur est déjà bien connue à l'époque, puisque les moines et les prêtres suivent leur vocation lorsqu'ils décident de se vouer pleinement à Dieu et de se retirer de la société et de ses occupations ordinaires. Quant à Martin Luther, le moine et réformateur du XVIe siècle, il pense que la meilleure façon de servir Dieu est de se consacrer à sa profession. C'est l'essence même de l'idée de vocation ou d'appel intérieur. Ce que Dieu exige, ce n'est pas seulement la prière et, à l'occasion, une bonne action à l'égard de ses voisins, mais aussi une vie qui, dans son ensemble, est faite de travail et de prière. Finalement, Luther reprend l'idéal monastique d'une vie tout entière vouée à Dieu, l'extrait des murs du couvent et en fait une éthique de travail universelle. Qui plus est, les emplois « terre à terre » sont considérés comme au moins aussi louables que ceux des moines dans leurs monastères retirés : « Les œuvres des religieux et des prêtres, pour saintes et ardues qu'elles soient, ne diffèrent nullement des œuvres du paysan qui laboure son champ ni de la femme qui s'occupe de sa maison[14]. » Tous les types de travaux s'inscrivent dans le grand dessein divin, et c'est un devoir religieux que de s'acquitter de sa tâche le mieux possible. Chacun doit également conserver la profession dans laquelle il est né, car c'est celle que Dieu lui a donnée, c'est lui qui l'a placé dans la hiérarchie sociale ; grimper dans l'échelle sociale reviendrait tout simplement à se rebeller contre l'autorité divine.

On pourrait dire que l'éthique protestante est exactement à l'opposé de la vision grecque : le travail possède une valeur qui va au-delà du simple fait de pourvoir aux nécessités de la vie. Les protestants le tiennent en si haute estime que tout ce qui ne lui est pas associé – en particulier les choses agréables et qui donnent du plaisir – est suspect. On doit être fier de son travail et le faire le mieux possible. Il y a là également une idée de justice, dans la mesure où un dur labeur sera récompensé et où le succès est le signe que l'on a correctement servi Dieu.

Calvin, le réformateur protestant du XVIe siècle, poussera encore plus loin les idées de Luther en affirmant que tout le monde devrait travailler, même les riches, car telle est la volonté de Dieu. Contredisant la méfiance traditionnelle à l'égard de l'argent affichée par les chrétiens, il affirme que c'est un devoir religieux de choisir le métier qui rapportera le plus.

Il est étrange que le protestantisme soit devenu le principal vecteur de développement du capitalisme, étant donné que la chrétienté se caractérisait par une aversion profonde pour l'argent. Après tout, dans sa Première Épître à Timothée, saint Paul écrit : « Car l'amour de l'argent est la racine de tous les maux ; et quelques-uns, en étant possédés, se sont égarés loin de la foi, et se sont jetés eux-mêmes dans bien des tourments » (1 Timothée 6, 10). Quant à l'Évangile de Matthieu, voici ce qu'il proclame : « Nul ne peut servir deux maîtres. Car, ou il haïra l'un, et aimera l'autre ; ou il s'attachera à l'un, et méprisera l'autre. Vous ne pouvez servir Dieu et Mamon » (Matthieu 6, 24 ; Luc 16, 13). Calvin va réussir à contourner cela et à faire de l'accumulation de richesses un véritable signe permettant de reconnaître un fidèle serviteur de Dieu. Il s'agit là d'une évolution importante. Comme on l'a vu plus haut, Luther estimait qu'essayer de monter dans l'échelle sociale ou changer de carrière constituerait une rébellion contre l'autorité de Dieu. Calvin, lui, pense que l'on doit choisir la profession susceptible de rapporter le plus. On peut donc changer de vocation à n'importe quel moment. C'est une idée qui aura son importance pour la libération des travailleurs et qui se développera avec l'émergence progressive du droit à vendre sa force de travail à qui on souhaite.

Cette éthique du travail telle qu'elle est décrite par Max Weber dans *L'Éthique protestante et l'esprit du capitalisme* semble assez dépourvue d'intérêt, vu que l'un de ses credo fondamentaux consiste à « se garder strictement des jouissances spontanées ». Il s'agit d'une éthique ascétique où l'accumulation de richesses n'est pas destinée à la consommation. Le protestant qui travaille dur ne tire rien de sa richesse

« pour lui-même, en dehors du sentiment irrationnel d'avoir bien fait sa besogne[15] ». Pour Weber, le protestant est irrationnel, puisque le labeur n'est pas récompensé. Il ne s'intéresse pas vraiment aux possessions terrestres, car il vise beaucoup plus haut : le salut divin. Ce salut est prédestiné pour les heureux élus, et rien, ni bonnes actions ni bonnes intentions, ne saurait affecter l'issue réservée à un individu. Que l'on choisisse une vie de vertu ou de vice, la destinée de chacun est déterminée d'avance. La question est alors de savoir pourquoi les protestants travaillent autant, puisque cela n'a absolument aucune incidence sur le résultat final. Weber explique qu'ils ne cherchent pas à changer leur destinée, car ils sont pleinement conscients que c'est impossible, mais plutôt à se rassurer, le succès professionnel pouvant être considéré comme un signe de grâce. Calvin pense que ceux qui ont été sauvés se consacreront corps et âme à essayer d'accomplir la volonté de Dieu. Tout ce zèle n'aurait aucune incidence sur les chances de salut, mais Dieu aurait voulu que les élus soient des citoyens modèles, de sorte que si vous vous conduisez en citoyen modèle, cela peut être pris comme le signe que vous faites partie de ces élus. La vie du protestant est emplie d'angoisse existentielle, et le succès professionnel peut indiquer que l'on s'inscrit dans le grand dessein de Dieu et que l'on est donc un candidat probable au salut. Si un individu doit constituer un rouage du grand dessein divin, il faudra beaucoup plus qu'une bonne action de temps en temps : il devra faire de sa vie tout entière un ensemble de bonnes actions.

Au fil du temps, les fondements théologiques de l'éthique protestante du travail ont commencé à s'estomper, mais l'éthique, elle, est restée. Benjamin Franklin est peut-être le représentant le plus célèbre de cette éthique sécularisée, lui qui soutient avec force que la richesse est le résultat d'actions vertueuses. Il n'évacue pas totalement Dieu, mais ne conçoit plus le travail comme une forme de prière avant tout. Désormais, le travailleur veille sur ses propres intérêts, mais en trimant pour accéder à la richesse, il servira Dieu de manière indirecte et en sera récompensé. Comme le dit Franklin : « Dieu aide ceux qui s'aident eux-mêmes. » (On pense parfois qu'il s'agit d'une citation de la Bible, or on pourrait dire que la Bible enseigne exactement le contraire, à savoir que Dieu vient en aide aux faibles – Isaïe 25, 4.) Celui qui veut avoir du succès dans la vie doit posséder les treize vertus suivantes : tempérance, silence, ordre, détermination, frugalité, ardeur au travail, sincérité, justice, modération, propreté, tranquillité, chasteté et humilité.

Cette éthique semble avoir perdu beaucoup de sa force. Apparemment, de moins en moins de personnes pensent que travailler dur est en soi particulièrement gratifiant. Pourtant, l'héritage protestant continue d'influer sur notre relation au travail. De fait, le taux d'emploi dans les pays majoritairement protestants est de 6 % plus élevé que dans les pays où d'autres croyances religieuses prédominent.

Thomas Carlyle, l'écrivain écossais du XIXe siècle, a développé cette idée du travail comme bénédiction jusqu'à un point extrême. On pourrait même dire que, plutôt que de développer une éthique du travail fondée sur la religion, il a fait du travail lui-même une religion :

> Car une noblesse qui ne passe pas, quelque chose de religieux même, réside dans le travail. En quelque nuit qu'il soit plongé, si oublieux qu'il soit de sa haute destinée, si un homme travaille en ce moment même et sérieusement, on peut encore espérer quelque chose de lui : devant la paresse seule il faut désespérer à jamais. Le travail, si infesté de mammonisme, si vil qu'il soit, est en communication avec la nature ; le désir sincère en un homme d'accomplir quelque travail le conduira, à lui seul, de plus en plus près de la vérité, des décrets et des règlements de la nature qui sont la vérité[16].

Finalement, il décrit ce que l'on appellerait aujourd'hui un *workaholic,* c'est-à-dire quelqu'un qui utilise son métier pour échapper aux difficultés de la vie et qui s'y engloutit totalement, au point d'oublier tous ses soucis. Carlyle poursuit :

> Considère combien, quand il s'agit des plus humbles besognes, l'âme entière de l'homme s'apaise, atteint une harmonie réelle au moment même où il se met au travail. Doute, désir, tristesse, remords, indignation, désespoir : tous, comme autant de chiens d'enfer, assaillent l'âme du pauvre journalier aussi bien

> que celle de tout homme ; mais il se penche, courageux et libre vers sa tâche, et toutes les furies s'apaisent, elles se retirent toutes en grondant pour regagner au loin leurs antres[17].

L'oisiveté devient le vice ultime, quel que soit le coupable, et Carlyle a des mots tout aussi durs pour les oisifs riches que pour les oisifs pauvres. Il réduit le calvinisme à un élément unique, l'éthique du travail, et porte l'idée de travail à des sommets si nobles qu'il en gomme tous les aspects déplaisants. Bien qu'il ait vécu en pleine révolution industrielle, sa vision idéaliste n'est en rien affectée par sa condamnation presque aussi énergique des effets de la technologie de l'époque sur l'humanité, laquelle, selon lui, a fait des humains des êtres « mécaniques ».

Le travail est-il en soi nécessairement ennoblissant ? Le plus souvent, c'est loin d'être le cas. Pour prendre un exemple extrême, les prisonniers qui croupissent dans des camps de travail sont-ils « ennoblis » par leur labeur ? Non, bien entendu : il s'agit d'une activité avilissante qui les détruit. Il y a un gouffre entre ces prisonniers et l'individu qui trouve un véritable sens personnel dans ce qu'il fait. La question de savoir si le travail possède les qualités que Carlyle lui attribue, et dans quelle mesure, dépend du type de profession et de ce qu'elle représente pour chacun. John Stuart Mill, le contemporain de Carlyle, aura une réponse cinglante à cette apologie du travail de l'écrivain écossais :

> Je me dis que le travail n'est pas un bien en soi. Il n'y a rien de louable dans le travail pour le travail. Travailler volontairement pour un noble objectif est louable, mais qu'est-ce qu'un noble objectif ? Sur ce point, l'oracle dont votre collaborateur (Carlyle) est le prophète n'a pas encore décidé de se prononcer. Il tourne dans un cercle sans fin autour de l'idée de travail, comme si retourner la terre, se servir d'une navette ou d'une plume étaient des fins en soi et le but de l'existence humaine. Toutefois, même si cela rend un service suprême à l'humanité, ce n'est pas parce que c'est du travail que cela a de la valeur : la valeur réside dans le service lui-même et dans la volonté de le rendre – les nobles sentiments dont il est le fruit, et si la noblesse de la volonté se manifeste autrement que par le travail, par le danger ou le sacrifice par exemple, elle n'en a pas moins de valeur. Tant que nous ne parlons que du travail, et non de ses objectifs, nous sommes loin de la racine du problème ou, du moins, si tant est qu'on puisse lui donner le nom de racine, c'en est une qui ne donne ni fleur ni fruit[18].

Mill n'est pas le seul à avoir critiqué cette philosophie, loin de là : il y en aura beaucoup d'autres, et notamment Paul Lafargue, le gendre de Marx, qui, dans *Le Droit à la paresse*, rejette l'amour du travail, cette « étrange folie », et affirme qu'il est temps de dissiper le « halo sacré » que l'on a jeté autour. Mais Mill est particulièrement intéressant ici, car il offre un exemple frappant de ce que l'on pourrait appeler la transformation romantique du travail.

Pour les romantiques, tout se résume à la question du *sens*. Et pas n'importe lequel : un sens personnel et individuel qui devrait combler le vide de sens créé par l'absence de Dieu. Le romantique ne sait pas exactement ce qu'il cherche, si ce n'est que ce devrait être une sorte de sens infini que doit réaliser l'individu. Du paradigme calviniste qui préconisait de choisir la profession qui rapporterait le plus et affirmait que l'on pouvait changer de vocation à n'importe quel moment, on est passé à l'idée que chacun doit rechercher le métier qui aura le plus de sens pour lui et lui procurera le plus de satisfaction. Ce sens n'a plus aucun lien avec Dieu, mais uniquement avec l'individu, supposé réaliser pleinement son potentiel personnel.

Aujourd'hui, à bien des égards, on a inversé l'éthique protestante. L'hédonisme a remplacé l'ascétisme – bien plus que ce que Mill aurait souhaité – et il nous faut désormais une gratification instantanée : on ne peut plus attendre. Que reste-t-il de l'idée de travail comme vocation ? Il ne fait aucun doute que, pour la plupart d'entre nous, notre profession n'a pas de finalité transcendante. Naturellement, c'est là que le bât blessait depuis le début avec l'éthique protestante : dans la plupart des cas, le lien supposé entre travail et dimension religieuse n'était pas perceptible dans le travail lui-même. Ce lien était peut-être évident pour le moine qui œuvrait dans le monastère, mais dans le cas du charpentier, du paysan ou de l'ouvrier à l'usine, cette dimension religieuse n'apparaissait pas aussi clairement. Il semble que très peu de gens voient dans leur activité professionnelle un devoir religieux, mais certains aspects de cette philosophie demeurent, comme l'idée qu'un labeur acharné est le signe de moralité.

On retrouve aujourd'hui des traces de cette idée du travail comme vocation dans la quête de notre « véritable moi » dans le contexte professionnel. Nous changeons d'emploi de plus en plus souvent. L'individualisme moderne a transformé l'idée de vocation. Nous ne servons plus Dieu, mais nous-mêmes, et la première obligation que nous avons vis-à-vis de nous-mêmes en tant qu'« individus » est de nous réaliser. Le travail tombe ainsi dans la catégorie générale de la « réalisation de soi » et devient, dans une large mesure, une question de choix de « style de vie ».

De nos jours, il est très important de trouver le *bon* job. On pense qu'il doit y avoir une adéquation entre le travail et la personne. Selon le type de personne que vous êtes, un poste peut être bon ou mauvais pour vous. Dans une certaine mesure, ce sujet avait déjà été abordé par Platon et Aristote, mais ces philosophes écrivaient deux mille ans avant l'émergence de l'individualisme moderne et ils envisageaient donc la question en des termes assez différents, non par rapport à un individu unique, mais plutôt par rapport à la classe ou à la catégorie générale à laquelle la personne appartenait. Aujourd'hui, nous considérons les choses autrement : chaque individu a sa vocation propre, qui consiste à devenir ce qu'il est destiné à être en tant qu'individu prétendument unique.

Chacun d'entre nous est censé être quelqu'un de *spécial*, ou tout au moins en donner l'impression. Les choses ont considérablement changé depuis *L'Homme de l'organisation*, le livre de William Whyte sur la vie au bureau paru en 1956, dans lequel un PDG conseillait aux jeunes cadres d'être individualistes dans la sphère privée et conformistes en public. Cette idée n'est plus de mise aujourd'hui, puisque nous devons au contraire apparaître en public comme non conformistes, à contre-courant. Or l'individualisme est tellement omniprésent qu'on peut difficilement trouver quelque chose de plus conformiste. Si vous mettez en avant votre individualité propre, vous n'allez pas le moins du monde à contre-courant, puisque c'est ce que tout le monde fait. Ce paradoxe apparaît de façon éclatante dans le film *Monty Python, la vie de Brian*, lorsque Brian s'adresse à la foule depuis un balcon :

> BRIAN : Écoutez, vous n'avez rien compris ! Vous n'avez pas BESOIN de me suivre, vous n'avez pas BESOIN de suivre QUI QUE CE SOIT ! Vous devez penser par vous-mêmes. Vous êtes TOUS des individus !
>
> LA FOULE *(à l'unisson)* : Oui ! Nous sommes tous des individus !
>
> BRIAN : Vous êtes tous différents !
>
> LA FOULE *(à l'unisson)* : Oui, nous SOMMES tous différents !

Cette idéologie s'exprime de la façon peut-être la plus troublante dans la chanson *Je suis spécial*, sur l'air de *Frère Jacques*, que l'on enseigne, paraît-il, aux enfants américains :

> Je suis spécial
> Je suis spécial
> Regardez-moi
> Vous verrez
> Quelqu'un de très spécial
> Quelqu'un de très spécial
> C'est moi
> C'est moi.

L'émergence de l'individualisme a donné à l'individu une nouvelle responsabilité par rapport à lui-même, ainsi que le devoir de *devenir lui-même*. Nous sommes tous des romantiques, et nous croyons donc dur comme fer à la notion de découverte de soi, où il est question non pas de trouver un moi préexistant, mais d'en créer un. Un moi authentique est un moi que l'on a fabriqué, et le travail devient un outil dans cette entreprise de fabrication de soi. On peut appeler cela une transformation romantique de l'idée de vocation. Le problème, quand on est romantique, c'est que l'on n'est jamais pleinement satisfait – du moins, pas pour très longtemps –, car on n'atteint jamais ce fameux sens personnel auquel on aspire. Et lorsque le travail se révèle incapable de satisfaire notre quête romantique de sens, il échoue en tant que vocation et ressemble alors plutôt à cette sorte de malédiction que les Grecs anciens y voyaient. Il semble alors faire obstacle à votre développement individuel, de sorte que vous devez partir : soit changer d'employeur, soit monter dans la hiérarchie de l'entreprise pour relever de nouveaux défis en pensant que votre nouveau poste vous apportera davantage de satisfaction. Et vous parvenez à vous en convaincre pendant un temps. Ce processus est bien décrit dans *Open Space*, le roman de Joshua Ferris :

> Comme nous détestions nos mugs à café ! Et nos tapis de souris, nos horloges de bureau, nos calendriers, et tout le contenu de nos tiroirs ! Même les photos de nos proches, scotchées autour de nos écrans et censées nous apporter soutien et réconfort, ne faisaient finalement que nous rappeler le temps que nous perdions au travail. Par contre, si l'on nous donnait un nouveau bureau plus grand où nous installer, comme toutes ces affaires, soudain, nous semblaient adorables, et quelle application nous mettions à les disposer ! Quel plaisir quand, à la fin de la journée, nous nous retournions pour les admirer une dernière fois, resplendissantes au milieu de ce nouvel espace tellement plus beau et plus digne[19] !

Bien entendu, la satisfaction ne dure pas très longtemps.

Sisyphe sur le chemin de la liberté

Pendant ses études, Olav, un de mes amis, travaillait à la poste pour payer ses factures. Sa tâche consistait à retourner les sacs postaux pour vérifier qu'aucune lettre n'était restée coincée. Un jour, alors qu'il était occupé à retourner son énième sac, la futilité absolue de l'existence humaine lui est apparue subitement et il s'est mis à sangloter comme un gamin – même si, en bon protestant, il a continué à faire son travail malgré les larmes qui coulaient sur son visage. Le problème, c'est qu'il ne voyait pas le bout de ce qu'il était en train de faire : il y aurait toujours un nouveau sac qui arriverait. Il semblait n'y avoir aucun progrès, juste l'éternelle répétition du même geste.

À certains égards, la situation d'Olav était comparable à celle de Sisyphe. Dans la mythologie grecque, Sisyphe avait été condamné par les dieux à faire rouler un rocher jusqu'en haut d'une montagne, mais dès qu'il parvenait au sommet, le rocher retombait jusqu'à terre. Il recommençait alors à le faire rouler jusqu'en haut et, à nouveau, le rocher retombait. Dans *Le Mythe de Sisyphe*, Albert Camus explique que les dieux, dans leur sagesse, avaient compris qu'une éternité de travail futile constituait la plus terrible des punitions :

> Les dieux avaient condamné Sisyphe à rouler sans cesse un rocher jusqu'au sommet d'une montagne d'où la pierre retombait par son propre poids. Ils avaient pensé avec quelque raison qu'il n'est pas de punition plus terrible que le travail inutile et sans espoir[1].

Pourtant, Camus termine son essai par ces mots : « Il faut imaginer Sisyphe heureux[2]. » Le faut-il vraiment ? J'avoue avoir du mal à comprendre.
Nous devons être capables de voir qu'il y a un *sens,* une *utilité* à ce que nous faisons. On pourrait dire que la minidépression d'Olav a en fait été causée par son manque d'imagination. S'il avait songé au fait que les lettres qu'il trouvait dans les sacs avaient le pouvoir d'affecter la vie des autres, son travail aurait probablement été beaucoup plus supportable. Il aurait pu considérer qu'il y avait peut-être la lettre d'un fils qui avait été séparé de son père et qui essayait de reconstruire leur relation, ou un mot d'amour envoyé à un soldat en poste à l'étranger, ou encore une lettre d'admission de l'université où un candidat rêvait d'étudier. Il aurait pu penser à tout cela, mais il ne l'a pas fait. Tout ce qu'il voyait, c'était une succession sans fin de sacs postaux.

Emmanuel Kant affirme que les humains sont les seuls animaux à avoir besoin d'un travail existentiel[3]. Sans travail, on s'ennuierait à mourir, car le travail donne du *contenu* à la vie. Pour lui, les divertissements ne peuvent remplir cette fonction sur le long terme, et une personne dont l'existence se résumerait à cela trouverait sa vie des plus ternes[4]. C'est d'action, et non de plaisirs, que nous avons besoin. « L'homme éprouve plus de satisfaction après une dure journée de travail que s'il n'avait rien fait de sa journée, car par le travail il a mis ses forces en mouvement[5]. » Kant semble toutefois passer à côté d'un point crucial : le travail n'a pas toujours un sens ! Très souvent, il est même atrocement ennuyeux.

Plus de 33 % des dix mille travailleurs interrogés dans le cadre d'une vaste étude réalisée en 2005 aux États-Unis déclaraient avoir trop peu à faire au bureau et se plaignaient de ne pas être suffisamment stimulés. Il s'agit d'un chiffre bien supérieur au pourcentage de personnes qui, dans la plupart des études, disent souffrir de stress. Il n'est donc pas impossible que l'ennui au travail soit de nos jours un problème plus significatif que le stress. Dans la série *Les Simpson,* Homer essaie constamment d'en faire le moins possible dans la centrale nucléaire où il est employé ; sa journée de travail idéale, c'est une journée sans travail. Mais combien d'entre nous pourraient vraiment supporter de rester sans rien faire, ou presque, jour après jour, année après année ? Cela dit, l'ennui n'est pas seulement un fardeau les jours où l'on n'a pratiquement rien à faire ; on peut s'ennuyer tout en étant débordé. Ça n'a rien à voir avec le fait d'avoir trop ou trop peu à faire, mais plutôt avec celui de trouver un sens. Lorsque nous n'y parvenons pas, le temps nous pèse terriblement. Dans *Open Space*, le narrateur écrit :

> Certaines journées nous semblaient plus longues que les autres. Certaines nous semblaient longues comme deux journées. Malheureusement, ça n'arrivait jamais le week-end. Nos samedis et nos dimanches passaient deux fois plus vite qu'une journée de travail normale. Autrement dit, nous avions parfois l'impression de travailler dix jours de suite et de n'avoir qu'un seul jour de congé[6].

Ces gens travaillent, mais ils ont du mal à y trouver du sens.

Ce besoin existentiel que Kant tente de saisir ne concerne donc pas le travail en soi, mais plutôt une quête de sens. Le métier que l'on exerce peut avoir un sens, ou pas. On pourrait même dire que seule une activité susceptible d'en avoir peut également en être dénuée. Ce besoin est fondamental chez l'homme et le travail représente l'une des principales sources en la matière. Faire un métier qui n'aurait pas de sens serait une véritable torture. Dans *Récits de la maison des morts*, Dostoïevski écrit :

> L'idée m'est venue une fois que, si l'on voulait complètement écraser, anéantir un homme, le châtier du plus terrible des châtiments, au point de faire frémir

> devant ce châtiment le plus redoutable des assassins et de le frapper d'avance d'épouvante, il n'y aurait qu'à donner à ce travail un caractère de parfaites et absolues inutilité et absurdité[7].

Certains emplois présentent une plus grande virtualité de sens que d'autres ; les conditions de travail jouent aussi beaucoup. C'est le problème que Marx a essayé de traiter avec sa théorie de l'aliénation. Ce terme, d'origine latine, avait été utilisé jusqu'alors pour évoquer quelqu'un qui devient étranger aux autres, à son pays ou à Dieu, et pour décrire un état de folie ou une personne privée de ses biens. La signification exacte du concept d'aliénation chez Marx est difficile à circonscrire et semble recouvrir un certain nombre d'aspects des divers sens du mot latin. Il s'agit donc d'une notion qui résiste aux définitions toutes faites. L'aliénation peut affecter uniquement un être qui dispose d'un certain potentiel. Pour Marx, il s'agit d'un état dans lequel ce dernier n'est pas réalisé correctement. La question, bien entendu, est d'identifier ce potentiel. À l'évidence, Marx le perçoit comme quelque chose qui est censé se réaliser à travers le travail, car c'est dans ce dernier que l'homme exprime son essence. Il fait la distinction entre « réification » et « aliénation », affirmant que seul un être qui éprouve un besoin de réification peut se voir aliéné. Lorsque les humains travaillent et transforment le monde, ils se réifient en biens extérieurs. Selon Marx, il s'agit d'un élément essentiel à la réalisation de la subjectivité humaine :

nous créons quelque chose d'extérieur qui constitue également une incarnation de notre propre subjectivité. Dans le travail, les êtres humains remodèlent le monde, créant ainsi une manifestation extérieure d'eux-mêmes. Ils peuvent ensuite se reconnaître dans le monde qu'ils ont créé. Ce n'est pas le cas pour le travail aliéné. En somme, on peut définir l'aliénation comme une réification dévoyée par les forces du capitalisme. Marx reproche au capitalisme de mettre le travailleur dans une situation où il n'est plus « chez lui » dans le monde en tant que travailleur. L'activité professionnelle devient comme extérieure à la personne ou entre en conflit avec son humanité. Nous ne pouvons pas examiner ici tous les aspects de sa théorie de l'aliénation. Nous la réduirons donc à un élément que le philosophe tient pour essentiel : la division du travail. Pour résumer son idée générale, la division du travail entraîne une fragmentation du processus de production, avec la répétition sans fin de brèves opérations qui privent le travail de tout sens.

Platon a évoqué ce phénomène, mais pour lui cela signifiait que chaque personne exercerait un métier spécifique en fonction de ses aptitudes. Avec l'émergence de la société industrielle et du travail en usine, ce principe a été porté à un niveau totalement différent, où la division ne se faisait plus entre métiers, mais plutôt entre des tâches spécifiques. Si l'on devait évoquer un aspect du travail moderne qui le distingue de ce qu'il représentait dans le passé, ce serait probablement cette mise en œuvre de plus en

plus radicale du principe de division du travail. Le philosophe et économiste Adam Smith a probablement été le premier à en saisir les conséquences. Sa théorie est, à bien des égards, à l'opposé de celle de Platon. Contrairement à celui-ci, Adam Smith est strictement égalitariste. Pour lui, c'est la division du travail qui crée une différence entre les personnes ; elle ne résulte donc pas des différences d'aptitudes. Par conséquent, ces divisions ne sont pas fixées une fois pour toutes en fonction de la nature, mais évoluent constamment, de sorte qu'elles diffèrent dans les sociétés traditionnelles et modernes. Smith avait raison sur ce point. Dans les sociétés traditionnelles, on ne trouve en général pas plus de vingt à trente métiers, alors que dans les sociétés modernes il y en a plusieurs milliers, jusqu'à trente mille peut-être.
À première vue, Adam Smith semble avoir une idée positive de la division du travail, puisqu'il souligne que ce phénomène s'est révélé être le facteur le plus important de l'amélioration de la productivité. Dans la première partie de *La Richesse des nations*, il décrit ainsi une usine d'épingles :

> Un ouvrier *tire le fil à la bobine*, un autre le *dresse*, un troisième *coupe la dressée*, un quatrième *empointe*, un cinquième est employé à *émoudre* le bout qui doit recevoir la *tête*. Cette *tête* est elle-même l'objet de deux ou trois opérations séparées : la *frapper* est une besogne particulière ; *blanchir* les épingles en est une autre ; c'est même un métier distinct et séparé que de *piquer* les papiers et d'y *bouter* les épingles ;

> enfin, l'important travail de faire une épingle est divisé en dix-huit opérations distinctes ou environ, lesquelles, dans certaines fabriques, sont remplies par autant de mains différentes, quoique dans d'autres le même ouvrier en remplisse deux ou trois[8].

Il explique ensuite que la division du travail permet une augmentation considérable du nombre d'épingles que l'on peut produire en un jour par rapport à ce qui aurait été produit si chaque ouvrier avait travaillé indépendamment et fabriqué l'épingle seul. À l'évidence, ce type de travail ne sera jamais gratifiant. Je crois même que certains d'entre nous préféreraient se prendre une balle dans la tête plutôt que de travailler dans une telle usine ; cela ne nous semble pas un travail digne d'un être humain, tout simplement. D'ailleurs, Smith lui-même le reconnaissait clairement :

> Dans les progrès que fait la division du travail, l'occupation de la très majeure partie de ceux qui vivent de travail, c'est-à-dire de la masse du peuple, se borne à un très petit nombre d'opérations simples, très souvent à une ou deux. Or, l'intelligence de la plupart des hommes se forme nécessairement par leurs occupations ordinaires. Un homme qui passe toute sa vie à remplir un petit nombre d'opérations simples, dont les effets sont aussi peut-être toujours les mêmes [...], n'a pas lieu de développer son intelligence ni d'exercer son imagination à chercher des expédients pour écarter des difficultés qui ne se rencontrent jamais ; il perd donc naturellement l'habitude de déployer ou

> d'exercer ces facultés et devient, en général, aussi stupide et aussi ignorant qu'il soit possible à une créature humaine de le devenir ; l'engourdissement de ses facultés morales le rend non seulement incapable de goûter aucune conversation raisonnable ni d'y prendre part, mais même d'éprouver aucune affection noble, généreuse ou tendre et, par conséquent, de former aucun jugement un peu juste sur la plupart des devoirs même les plus ordinaires de la vie privée. [...] Sa dextérité dans son métier particulier est une qualité qu'il semble avoir acquise aux dépens de ses qualités intellectuelles, de ses vertus sociales et de ses dispositions guerrières. Or, cet état est celui dans lequel l'ouvrier pauvre, c'est-à-dire la masse du peuple, doit tomber nécessairement dans toute société civilisée et avancée en industrie, à moins que le gouvernement ne prenne des précautions pour prévenir ce mal[9].

Ce passage montre bien qu'Adam Smith a observé les effets aliénants de la production en usine un siècle avant Marx. La différence entre ces deux extraits de *La Richesse des nations* est frappante. Le premier paraît décrire la division du travail en termes optimistes, comme un système bénéfique à la productivité, et donc à l'humanité, alors que le second est extrêmement sombre et pessimiste, expliquant que ce processus même d'accroissement de la productivité détruit les ouvriers en tant qu'êtres humains en corrompant leur caractère moral et intellectuel. En ce sens, *La Richesse des nations* peut être lue comme une tragédie.

Le bien-être des pauvres est au cœur des préoccupations de Smith. « Assurément, on ne doit pas regarder comme heureuse et prospère une société dont les membres les plus nombreux sont réduits à la pauvreté et à la misère[10]. » Il affirme également que les salaires devraient être aussi élevés que possible, en partie pour le bien-être des plus vulnérables, mais aussi parce que ce serait un facteur de croissance économique. Il critique les lois sur les pauvres en vigueur à son époque, car elles ne permettent pas à ceux-ci de vivre là où ils le souhaitent et donc de vendre leur force de travail à qui bon leur semble ; à l'évidence, ces lois sont contre leur intérêt. Il affirme également que l'État devrait financer l'éducation des plus démunis pour contrebalancer les effets de leurs conditions de travail et leur permettre de faire davantage entendre leur voix dans les débats publics. Mais si Adam Smith était un si grand ami des pauvres, comment a-t-il pu défendre les conditions de travail décrites dans l'usine d'épingles ? Pour répondre simplement, il pensait que c'était le système qui serait le plus avantageux pour eux à long terme.

Marx, lui, a évidemment une approche beaucoup plus radicale. Là où Smith s'accommodait d'un réalisme modeste, espérant une amélioration progressive des conditions de travail des ouvriers, il prône quelque chose de beaucoup plus drastique : la réalisation de l'idéal de la société communiste, une société dans laquelle les gens choisiront librement de faire ce qu'ils veulent quand ils le veulent. Comme l'écrit Marx dans *L'Idéologie allemande* :

> Dans la société communiste, où chacun n'a pas une sphère d'activité exclusive, mais peut se perfectionner dans la branche qui lui plaît, la société réglemente la production générale, ce qui crée pour moi la possibilité de faire aujourd'hui telle chose, demain telle autre, de chasser le matin, de pêcher l'après-midi, de pratiquer l'élevage le soir, de faire de la critique après le repas, selon mon bon plaisir, sans jamais devenir chasseur, pêcheur ou critique[11].

Vous serez donc avant tout un être humain, et non un type de travailleur bien précis, mais vous travaillerez quand même et votre métier sera immensément gratifiant, car il incarnera l'expression directe de votre identité. Marx imagine des conditions de travail qui « rendront » l'homme à lui-même. C'est l'idée d'un monde dans lequel le potentiel humain est pleinement réalisé. Quel genre de travail est-on censé faire ? Il n'est pas anodin qu'aucune des activités mentionnées dans la citation ne se déroule à l'usine. On peut objecter que la conception du travail de Marx est dépassée, car fondée sur l'expérience des artisans du Moyen Âge plutôt que sur celle des ouvriers industriels. Si l'on devait mettre en œuvre son idéal, il faudrait probablement fermer toutes les usines, vu que les ouvriers n'y fabriquent pas des produits finis, mais toute une série de pièces détachées qui sont ensuite assemblées. Étant donné la nature du travail à l'usine et sa conception de l'aliénation, un travail d'usine non aliéné semble quasiment impossible.

Le travailleur non aliéné serait libre. Pour Marx, la liberté consiste à réaliser un certain idéal défini non pas par nous en tant qu'individus, mais en fonction de notre essence humaine supposée. Accéder à la véritable liberté, c'est participer à un processus collectif dans lequel l'« essence de l'espèce » est réalisée. C'est ce qui explique le mépris de Marx pour la « liberté bourgeoise » de la tradition libérale, et aussi qu'il ait été prêt à sacrifier les libertés individuelles garanties par les Constitutions. Si l'on se donne pour mission de libérer l'humanité dans son ensemble, sacrifier ces libertés semble un prix peu élevé à payer.

Dans ses premiers manuscrits, Marx situe encore la liberté dans le travail et reproche à Adam Smith de ne l'envisager que dans les loisirs, mais par la suite, il change apparemment d'avis. Dans le troisième volume du *Capital*, il place clairement le travail dans le « règne de la nécessité », les loisirs devenant le « règne de la liberté[12] ». Sa théorie repose sur l'idée générale selon laquelle tout travail qui serait motivé par la nécessité ne pourrait être libre ; or le travail est toujours mû par la nécessité, de sorte que l'idée d'un métier qui relève du royaume de la liberté est illusoire. C'est ailleurs que l'on doit aller chercher la liberté. Marx reconnaît qu'avec l'accroissement de la productivité il faut moins de travail pour satisfaire un même besoin, mais il constate également que les besoins humains se développent avec le processus de civilisation. Une grande partie des gains de productivité va donc être engloutie dans l'augmentation des besoins. La solution pragmatique qu'il propose consiste alors à ce que les hommes continuent de travailler, restant ainsi dans le domaine de la nécessité, tandis que l'on essaie progressivement de diminuer la quantité de travail et de rendre ce dernier plus « humain ». La partie moins pragmatique de la solution est la révolution communiste. Marx a confiance dans la révolution et affiche un certain scepticisme à l'égard des efforts visant à améliorer la condition des travailleurs dans le système capitaliste, car cette amélioration peut masquer la nécessité d'un changement fondamental, à savoir l'élimination du capitalisme en tant que tel. Étant donné que l'exploitation des travailleurs est censée constituer l'essence même du capitalisme, il vaut bien mieux laisser celui-ci suivre son cours et devenir aussi intolérable que possible, car il y a de grandes chances que cela débouche sur une révolution.

Il est intéressant de noter que le Marx de la maturité place le royaume de la liberté entièrement du côté des loisirs, alors que le jeune Marx l'envisageait plutôt dans le contexte d'un travail authentique ou non aliéné. Il finit ainsi par adopter la position même qu'il critiquait quelques années plus tôt chez Adam Smith, à savoir que l'existence humaine est faite de liberté non productive (les loisirs) et d'esclavage productif (le travail). On peut suggérer qu'au moment où il rédige le troisième volume du *Capital* il a compris que l'aliénation constituerait un aspect inévitable du travail, même dans un régime communiste ; que même sous le communisme, le « royaume de la liberté » n'existerait pas autre part que dans les loisirs, tandis que le travail resterait nécessairement confiné dans le « royaume de la nécessité ». Il ne traite pas directement de cette question, mais semble avoir complètement abandonné l'idée de travail non aliéné. De fait, à observer les conditions de travail dans les pays communistes, il y a peu de raisons de penser que le travail y soit moins « aliéné » que dans les pays capitalistes.

On serait tenté de dire que, contrairement à ce que Marx pensait, ce passage du « royaume de la nécessité » au « royaume de la liberté » se produit non pas sous le communisme, mais sous le capitalisme. Se pourrait-il que cet idéal d'un travail non aliéné, à défaut d'avoir été pleinement réalisé, soit devenu ne fût-ce qu'une possibilité dans la société moderne capitaliste et consumériste ? Serait-il incorrect d'affirmer qu'aujourd'hui il y a plus de gens que jamais qui sont épanouis dans leur vie professionnelle ? Que c'est une forme de travail qui laisse les individus exprimer leur personnalité et auquel ils peuvent s'identifier ? Je crois qu'il s'agit là d'un point de vue défendable – mais ne nous égarons pas trop.

On lit et on entend souvent que, de nos jours, le travail est beaucoup plus épanouissant qu'avant parce qu'il permet à chacun de développer ses talents et offre davantage de liberté. En bref, il serait censé se rapprocher de ce qu'Aristote décrivait comme le loisir. Mais est-ce vraiment le cas ? Tout dépend. On peut difficilement soutenir que ceux qui ont un boulot du genre « McJob » – en gros, ceux qui font cuire des hamburgers dans un fast-food – aient vraiment plus d'opportunités de développer leurs talents et de trouver un sens à leur travail que l'ouvrier moyen dans la vieille économie industrielle. De toute évidence, la part de satisfaction intrinsèque n'est pas également distribuée entre les divers types d'emplois. Et que dire des gens qui travaillent dans des bureaux et traitent de l'information toute la journée ? La série télévisée *The Office* en offre une illustration parfaite : c'est ennuyeux à mourir et peu gratifiant. Travailler dans un *call center*, prendre des appels toute la journée ou faire du télémarketing : autant de versions contemporaines des chaînes de montage des usines fordistes.

Les représentations actuelles les plus optimistes donnent à penser que tous les travailleurs appartiennent à ce que l'urbaniste américain Richard Florida appelle la « classe créative », ces gens dont l'activité professionnelle a pour but de créer de « nouvelles formes qui aient du sens[13] ». Bien qu'il ne s'agisse pas d'une classe clairement définie, Florida estime qu'elle représente aujourd'hui environ 30 % de la main-d'œuvre américaine. Ses membres sont liés par une « philosophie commune qui accorde de la valeur à la créativité, à l'individualité, à la différence et au mérite[14] ». Certes, ce genre de « philosophie » est loin d'être une rareté de nos jours ; je dirais même qu'on ne peut pas faire plus banal. Mais j'ai beau être plus que sceptique sur cette théorie, elle n'en a pas moins une certaine pertinence. On peut noter que les caractéristiques de cette prétendue classe sont précisément les mêmes que celles que nous décrivions précédemment avec la transformation romantique de l'idée de travail en vocation. Plutôt qu'une classe spécifique, je pense que Florida a identifié une mentalité ou une norme très répandue pour décrire ce à quoi le travail *devrait* ressembler aujourd'hui. Les membres de la « classe créative » sont les « travailleurs modèles » de notre époque, ceux qui incarnent l'idéal romantique de réalisation de soi vingt-quatre heures sur vingt-quatre, et cette réalisation de soi est censée constituer l'essence même du sens de la vie.

Une question évidente me vient alors à l'esprit : ces personnes parviennent-elles vraiment à une forme de réalisation de soi, et leur travail a-t-il un sens ? Cet idéal correspond-il véritablement à la réalité du travail à l'époque moderne ? Depuis quelque temps, le mot « flexibilité » est à la mode. La nouvelle flexibilité semble donner aux individus un plus grand contrôle sur leur vie, car ils bénéficient de plus de liberté pour décider quand et comment s'acquitter de tâches spécifiques. Le sociologue Richard Sennett affirme pourtant le contraire : selon lui, on a justement retiré du contrôle aux travailleurs, car la flexibilité a rendu leur vie professionnelle plus imprévisible. Ce ne sont pas seulement le lieu et les horaires de travail qui sont déstabilisés, mais aussi l'identité que leur profession peut leur offrir. « Dans le nouveau capitalisme, la fragmentation du temps de travail a créé un conflit entre le personnage et l'expérience et menace la capacité des gens à faire de leur personnage un récit stable[15]. » Cette affirmation est assez plausible. Mon père appartenait à une génération d'employés qui travaillaient en général dans une, deux, voire trois entreprises durant toute leur vie professionnelle. Même s'ils devaient développer leurs compétences au fur et à mesure de l'introduction de nouvelles technologies – le plus difficile, pour lui, a probablement été d'apprendre à utiliser un ordinateur vers la fin de sa carrière –, le socle de compétences général restait dans une large mesure le même. Aujourd'hui, nous devenons des nomades du travail, constamment mobiles, passant d'un emploi à un autre, et il nous est demandé d'abandonner nos anciennes qualifications pour en acquérir de nouvelles. Dans la nouvelle économie, l'idée de se constituer un socle de qualifications que l'on ferait évoluer pendant toute sa carrière semble dépassée. Ceux qui entrent aujourd'hui sur le marché du travail, en particulier les plus diplômés, auront à renouveler plusieurs fois leur base de compétences d'ici à leur retraite. Ils ne passeront pas plus de quelques années en moyenne dans la même organisation avant de devoir développer de nouvelles aptitudes dans leur nouvel emploi. Bien entendu, il peut être excitant d'apprendre de nouvelles choses, mais si nous changeons constamment de domaine d'activité, nous n'aurons jamais la possibilité de devenir vraiment bons dans quoi que ce soit. Finalement, notre savoir-faire restera relativement superficiel.

La distinction entre postes « permanents » et « temporaires » devient dès lors de plus en plus floue. Il y a évidemment des différences importantes entre les deux en termes de sécurité de l'emploi, mais quand on regarde ce que les gens font véritablement et pendant combien de temps, les emplois « permanents » deviennent de plus en plus « temporaires », et vice versa. Les agences d'intérim existaient déjà dans les années 1860, mais ce n'est qu'après la Seconde Guerre mondiale qu'elles sont devenues une industrie de première importance, dont la croissance a été particulièrement forte ces deux dernières décennies. Le personnel temporaire constitue la catégorie qui augmente le plus rapidement dans le monde occidental et c'est une de ces agences, Manpower, qui est aujourd'hui le plus gros employeur privé aux États-Unis. Au départ, les intérimaires affichent souvent une grande satisfaction, mais au fil du temps, ils se transforment en « temporaires permanents » et leur niveau de contentement a tendance à baisser. Une de mes amies a travaillé pendant plus de quatre ans en CDD pour l'un des plus importants journaux norvégiens. Au début, elle était ravie, car elle avait toujours rêvé de travailler dans un grand organe de presse. Mais après plusieurs années, elle n'avait toujours pas de poste permanent et elle a commencé à se lasser de ne jamais savoir si son contrat serait renouvelé, d'avoir du mal à planifier ses vacances et de devoir parfois faire une interruption entre deux contrats en fonction des contraintes budgétaires du journal. Un beau jour, elle a décidé qu'elle en avait assez et a refusé de signer un nouveau contrat à durée déterminée, donc elle a dû quitter le journal. Ce qu'elle dit est éloquent : « En partant, j'ai eu le sentiment de quitter un partenaire qui m'aurait frappée pendant des années. Heureusement, je n'ai jamais connu cela personnellement, mais on m'a dit que, quand on quitte ce genre de personnes, on n'arrive pas à comprendre pourquoi on ne l'a pas fait beaucoup plus tôt. » Lorsque vous avez un statut temporaire, vous ne parvenez pas à vous « approprier » votre travail de la même façon que si vous aviez un poste permanent. C'est une source de sens moins forte. En outre, vous aurez en général à accomplir des tâches différentes pour chaque nouveau poste, ce qui ne vous laisse guère de possibilité de développer une véritable expertise. Travail temporaire et maîtrise d'un métier ne vont pas très bien ensemble.

Comme on l'a vu, Marx avait défini son idée de travail non aliéné, ou porteur de sens, à partir de la maîtrise d'un métier. Si la division du travail était destructrice de sens, c'est justement parce qu'elle sapait cette possibilité. Quel niveau de compétences peut-on développer dans l'art de tirer un fil, de le dresser ou de le couper, pour reprendre l'exemple de l'usine d'épingles donné par Adam Smith ? On peut s'améliorer et probablement être capable de le faire de façon de plus en plus efficace, mais on est loin de maîtriser un véritable métier. Quelle place laisse-t-on à la créativité ? Très peu, voire aucune. Et dans quelle mesure le fait de tirer le fil d'une bobine peut-il constituer une forme d'expression de soi ? Là encore, on pourrait faire la même réponse.

Le premier métier que j'ai exercé, c'est agent de nettoyage. Il pourrait sembler qu'il ne s'agisse pas vraiment d'une profession – quand on parle de métier, on pense plutôt à des activités comme la menuiserie, par exemple. Pourtant, croyez-moi, c'en est bel et bien un ! J'ai travaillé pendant huit ans comme employé de ménage, dont cinq chez Idun, une usine qui produisait du ketchup, de la moutarde, de la mayonnaise, de la vinaigrette, entre autres choses. On commençait en fin de journée, dès que la production avait fermé les ateliers, et on ne savait jamais à quelle heure on terminerait le soir. Parfois, on bouclait tout en quelques heures et on avait la plus grande partie de la soirée libre ; d'autres jours, on devait travailler jusqu'après minuit. C'était dur, mais on était payés très correctement et on s'amusait bien entre collègues.

La plupart des gens diraient probablement que je faisais un travail « peu qualifié », mais je ne suis pas d'accord. Lorsque j'ai commencé, j'étais chargé de nettoyer les sols et de laver au jet d'énormes conteneurs en métal. Ensuite, je suis passé au nettoyage des machines, d'abord les plus petites et les plus simples, puis les plus grandes et les plus compliquées. Il fallait les démonter, nettoyer toutes les pièces, les graisser, puis les réassembler. Or, dans les grandes machines, le nombre de pièces détachées était impressionnant ; j'ai mis au moins deux ans à apprendre comment désassembler et réassembler toutes les machines de l'usine. De plus, on avait à notre disposition toute une série de produits de nettoyage, depuis le savon plus ou moins courant jusqu'aux détergents nocifs pour la peau si on n'utilise pas d'équipement de protection. À cela s'ajoutait la question de la température de l'eau : par exemple, il ne faut pas utiliser d'eau très chaude pour enlever de l'œuf d'une surface, car ça le fait coller encore davantage. Il y a des produits que l'on peut mélanger, d'autres que l'on ne peut pas – ou plutôt qu'il ne faut pas, car on risque de faire exploser les bidons, ce qui serait dangereux, certains de ces produits chimiques étant très toxiques. Il s'agissait donc d'un véritable cours accéléré de chimie appliquée. Tous les nouveaux employés suivaient ce même processus d'apprentissage : ils débutaient par les tâches les plus simples et faisaient l'objet d'une supervision étroite ; on leur disait et montrait comment faire. Peu à peu, au fur et à mesure qu'ils maîtrisaient les diverses opérations, on leur donnait de plus en plus d'autonomie.

Rétrospectivement, je ne qualifierais certainement pas cette activité d'emploi « sous-qualifié » ; il m'a fallu plusieurs années de pratique pour l'exercer correctement. Depuis, j'ai occupé plusieurs emplois dits « qualifiés » que j'ai maîtrisés beaucoup plus facilement. J'ajouterai que l'environnement était très compétitif. Travailler rapidement tout en faisant un sans-faute était une question de fierté. Lorsque le contremaître contrôlait notre travail à la fin de la journée, nous éprouvions toujours un sentiment de honte si l'un d'entre nous avait oublié quoi que ce soit ou fait quelque chose qui n'était pas au niveau que nous nous étions fixé. Il y avait cette idée de connaissance du métier, de faire les choses *bien*.

Après plusieurs années de nettoyage, on m'a proposé un contrat free-lance pour la rubrique sportive d'un journal local. J'ai accepté, ce qui était une bien mauvaise idée, car je me suis révélé être un piètre journaliste sportif : j'avais un intérêt quasi nul pour le sport, si ce n'est le tennis et les arts martiaux. Du coup, mes articles sur le foot manquaient très clairement d'enthousiasme. Étant donné que j'étais un mauvais chroniqueur sportif mais un bon agent de nettoyage, j'ai décidé de quitter le journal et de reprendre le nettoyage, tout simplement parce que j'avais davantage le sentiment de faire quelque chose d'utile, et de bien le faire. Or bien faire son travail apporte du plaisir.

Lorsqu'on apprend un métier, on entre pour ainsi dire dans une communauté qui regroupe tous ceux qui utilisent les compétences en question. On pénètre dans un champ social gouverné par des normes auxquelles il faut obéir. Au départ, il n'y a quasiment aucune place pour la créativité individuelle, car on doit d'abord maîtriser les compétences de base. Et on ne peut le faire uniquement en *écoutant* les autres ; il faut apprendre par la *pratique*. C'est valable pour la menuiserie et le nettoyage comme pour les sciences. Apprendre un métier, c'est un peu comme développer des habitudes. Et une habitude, c'est une certaine compréhension du monde, une façon d'être en lien avec l'extérieur. Lorsqu'on acquiert un métier, on finit par être capable de faire des choses relativement compliquées avec une grande facilité, ce qui est en soi une source de grande satisfaction. À cet égard, il n'y a pas beaucoup de différences avec le fait de pratiquer un sport comme le tennis, par exemple. Pourquoi est-il si agréable de jouer au tennis ? Essentiellement parce que c'est difficile, notamment du point de vue technique, et que, lorsque l'on surmonte ces difficultés et que l'on parvient enfin à faire ce que l'on veut avec la balle, on y prend vraiment plaisir. Il y a même des jours où tout marche, où l'on arrive à accomplir pratiquement tout avec une facilité telle que l'on a l'impression d'évoluer dans un monde sans aucune résistance. Il n'y a aucune distance entre nous et le monde extérieur, plutôt une unité fondamentale. C'est quelque chose qui se produit parfois avec le sport, mais cela peut aussi arriver dans la vie professionnelle. Lorsque l'on est plongé dans le travail, on oublie son identité propre et on fait corps avec l'activité elle-même. Alors que l'on perd le sens du temps et de l'identité, tout se met en place et l'expérience est « fluide ». Le psychologue Mihály Csíkszentmihályi, spécialiste mondial de cette expérience de fluidité, la décrit comme un état optimal où l'on est pleinement dans ce que l'on fait et où l'on trouve cela hautement motivant en soi, et non parce que cela débouche sur quelque chose d'autre. C'est un état de pur bonheur. Quand on est « dans la zone », on se sent bien. On est complètement absorbé par l'activité elle-même. Quand les meilleures conditions de travail possible sont réunies, on ne voit tout simplement pas le temps passer, on est totalement immergé dans le présent. Dans le cas contraire, le temps devient un terrible fardeau. On regarde la pendule en espérant qu'elle va accélérer son rythme, et comme par hasard, celui-ci donne l'impression de ralentir. Dans cette situation, on est également dans le présent, mais dans un présent négatif. Ce sont deux perceptions complètement différentes de l'instant présent, deux expériences du temps opposées : dans l'une, il file à la vitesse de l'éclair ; dans l'autre, il avance à une allure d'escargot.

Il existe plusieurs manières de trouver un sens à son travail. On peut apprécier l'activité elle-même ; en général, ce sentiment s'estompe assez rapidement. Il y a aussi la question plus large, plus existentielle, du sens général de ce que nous faisons, de savoir si nous menons une vie riche, signifiante. Nous sortons alors du strict cadre professionnel : c'est de notre vie dans son ensemble qu'il s'agit. Étant donné que le travail constitue un élément aussi fondamental de notre existence, se pose aussi la question de savoir comment il s'inscrit dans notre tentative générale de mener une vie qui ait du sens. Nous avons besoin d'un but dans la vie, et le métier en fait partie. Comme l'écrit Bertrand Russell : « Des desseins cohérents ne suffisent pas à rendre une vie heureuse, mais ils constituent une condition presque indispensable à une vie heureuse. Et un but cohérent se réalise surtout dans le travail[16]. » Mais quel est ce but cohérent auquel nous aspirons ?

Si l'on décidait tout simplement d'avoir un salaire, par exemple pour nourrir sa famille et offrir une bonne éducation à ses enfants ? Il s'agit certainement d'une activité qui fait sens, d'une fin cohérente, mais le sens est ici extérieur au travail (le salaire) et non intrinsèque. On pourrait même dire que le travail n'a pas de fin en soi, il n'est qu'un moyen. Il n'est pas choisi pour lui-même ; on aurait tout aussi bien pu en faire un autre. Si l'on veut que son métier ait véritablement un sens, on doit aussi pouvoir lui trouver quelque chose de positif en tant que tel, un sens intrinsèque, et pas seulement le fait de recevoir un salaire.

Nous aspirons à laisser une empreinte dans la vie des autres, et cela s'applique également à notre profession. La plupart des gens auraient du mal à garder un emploi s'ils ne pensaient pas, d'une façon ou d'une autre, apporter une contribution positive à la vie des autres. La philosophe Hannah Arendt va même jusqu'à penser que le travail peut nous offrir, à nous autres mortels qui vivons dans un temps fini qui ne cesse de partir à la dérive, un certain degré de permanence et de durabilité[17]. Lorsque nous travaillons, nous laissons notre empreinte sur le monde : empreinte qui, espérons-le, nous survivra, témoignage de notre passage sur terre. Si Hannah

Arendt a raison, notre idée du travail se prolongera au-delà de cette vie. Il semble que nous ayons besoin de laisser une marque sur le monde, de montrer que, d'une façon ou d'une autre, nous avons apporté notre contribution.

On pourrait trouver cela exagéré, car rares sont ceux qui nourrissent l'illusion qu'une partie de leur travail passera à la postérité, ou même simplement que l'on s'en souviendra pendant quelque temps. Pourtant, je crois que la théorie d'Hannah Arendt n'est pas complètement fausse. Pour nous en convaincre, prenons le livre de Robert Nozick, *Anarchie, État et utopie,* et examinons brièvement son célèbre argument sur la machine à expérience :

> Supposez qu'il existe une machine à expérience qui soit en mesure de vous faire vivre n'importe quelle expérience que vous souhaitez. Des neuropsychologues excellant dans la duperie pourraient stimuler votre cerveau de sorte que vous croiriez et sentiriez que vous êtes en train d'écrire un grand roman, de vous lier d'amitié ou de lire un livre intéressant. Tout ce temps-là, vous seriez en train de flotter dans un réservoir, des électrodes fixées à votre crâne. Faudrait-il que vous branchiez cette machine à vie, établissant d'avance un programme des expériences de votre existence[18] ?

Question intéressante. Vous pourriez avoir la carrière la plus fabuleuse qui soit, mais ce serait une carrière imaginaire. Vous pourriez décrocher votre premier doctorat à quinze ans et votre premier prix Nobel cinq ans plus tard, puis monter votre entreprise, qui dépasserait en deux ou trois ans Microsoft. Vos inventions profiteraient énormément à l'humanité, car elles régleraient tous les problèmes liés au réchauffement climatique et à la faim dans le monde. Bref, une carrière qui ferait de vous l'individu le plus important de toute l'histoire. Et si d'aventure vous préfériez avoir une vie professionnelle plus calme dans la machine à expérience, vous pourriez toujours décider d'être fainéant. Et vous auriez le loisir d'ajouter autant de détails que vous voudriez pour rendre votre vie tout aussi merveilleuse dans les autres domaines. Le seul inconvénient, évidemment, c'est que ce serait pure fiction. Mais tant que vous resteriez branché à la machine, vous ne seriez pas conscient que vos actions sont dénuées de toute réalité ; elles vous paraîtraient parfaitement réelles et vous seriez immensément content de vous. En fait, vous ne pourriez être plus heureux.

Accepteriez-vous d'être branché à une telle machine ? La plupart des personnes interrogées répondent par la négative, hormis quelques-unes, généralement de jeunes étudiants en philosophie. Le film *Matrix* nous offre un exemple célèbre de quelqu'un qui décide de se brancher, avec Cypher qui préfère être réinséré dans la matrice plutôt que de continuer à vivre dans un monde réel qu'il trouve épouvantable. La plupart des gens sont effrayés à l'idée même d'une existence semblable, mais pourquoi donc ? À mon avis, tout simplement parce que ce ne serait pas *réel*. On ne laisserait aucune trace dans le monde. On doit pouvoir trouver une *utilité* à ce que l'on fait : d'une façon ou d'une autre, le travail doit laisser une trace pour avoir du sens, or rien de ce qui serait accompli dans la machine à expérience ne laisserait véritablement de trace. Qui plus est, on n'apporterait aucune contribution à la vie des autres. Finalement, l'existence n'aurait pas de conséquences véritables.

Bien entendu, il arrive souvent que l'on ne voie pas l'utilité de ce que l'on fait pourtant pendant une grande partie de sa vie. Contrairement aux protestants qui suivent Luther et Calvin, il nous manque un système métaphysique, un ordre des choses dans lequel notre travail puisse s'inscrire et garantir qu'il ait *bien* une utilité, même si nous n'arrivons pas à la percevoir par nous-mêmes. Nous souffrons lorsque notre métier nous offre peu de sens. Parfois, à l'inverse, il nous paraît en avoir tant qu'il finit par éclipser presque tout le reste et que nous avons alors tendance à oublier qu'il ne représente qu'une source de sens parmi d'autres. L'expérience du travail est donc extrêmement variée, puisqu'elle va de l'accomplissement personnel profond à l'ennui le plus complet.

Les corvées, c'est pour qui ?

Il existe des professions plus attrayantes que d'autres, et tout le monde n'est pas intéressé par le même genre de travail. Beaucoup de gens auraient probablement voulu être journalistes sportifs, avec tous les avantages de ce métier : tickets gratuits, sièges bien placés, accès aux athlètes et aux managers. En revanche, pour quelqu'un comme moi qui s'intéresse très peu au sport, ce n'était pas un travail très gratifiant, si ce n'est que j'étais payé. Après mon départ, le journal n'a eu aucun mal à me trouver un remplaçant, donc il s'agissait manifestement d'un poste très convoité. Il y a probablement plus de gens qui veulent être journalistes sportifs que de postes disponibles. Pour certaines professions, c'est l'inverse. Certains emplois sont plus recherchés que d'autres.

Le marché du travail n'est pas équitable – si l'on entend par là une distribution égale de biens internes (amusement, réalisation de soi, etc.) et externes (salaires, avantages en nature et autres). Comme on le sait, ces biens sont distribués de façon inégale. Certains emplois procurent plus de biens externes que de biens internes et vice versa, et d'autres apportent beaucoup ou peu des deux. À nous de décider lesquels sont les plus importants à nos yeux. Quand j'étais adolescent, je voulais être courtier en Bourse et faire fortune, puis j'ai découvert la philosophie et opéré un changement radical dans ma vie. Je suis passé de la perspective d'une carrière qui promettait beaucoup de biens externes, mais peut-être pas autant de biens internes, à une carrière qui en offre beaucoup moins (même si je ne me plains pas), mais qui est probablement plus riche en biens internes. Depuis lors, on m'a proposé plusieurs postes beaucoup mieux rémunérés que le mien, mais aucun d'eux ne m'a paru suffisamment attrayant, parce qu'ils offraient à mes yeux beaucoup moins de biens internes. Peut-être que certains de ces postes auraient été aussi plaisants et gratifiants que celui de philosophe, mais j'en doute. Je me suis donc trouvé en position de pouvoir faire des choix, ce qui n'est pas le cas de tout le monde. Un certain nombre de personnes se retrouvent à faire un travail pauvre en biens internes comme externes, alors que d'autres ont la chance de pouvoir choisir des activités qui offrent quantité des deux. Comment justifier une telle différence ?

Platon et Aristote se sont confrontés à ce problème. D'un côté, les philosophes grecs considéraient le travail comme une activité assez indigne, quelque chose qui doit être épargné aux humains s'ils veulent développer au mieux leur potentiel. De l'autre, ils reconnaissaient qu'il fallait bien que quelqu'un exerce ces différentes professions, à savoir le travail manuel et le commerce. Comment réconcilier ces deux visions ? La réponse est loin d'être claire. En outre, certains métiers sont plus dégradants que d'autres. Il convient donc de se demander pourquoi certaines personnes devraient occuper les emplois jugés les plus avilissants. Il s'agit d'une question de justice sociale primordiale.

Dans *La République,* Platon décrit son modèle de cité-État idéale. Il en énonce les points principaux sans vraiment rentrer dans les détails. Selon lui, on fera un travail de meilleure qualité si l'on se spécialise plutôt que si l'on réalise toutes sortes de tâches. La question cruciale est alors de savoir comment les différents types d'emplois doivent être répartis entre les citoyens. Étant donné que Platon tente de décrire un État *idéal,* et donc *a priori* parfaitement juste, cette répartition des tâches doit elle aussi être rationnelle et juste. On ne peut pas demander à quelqu'un de devenir travailleur manuel juste à cause d'une lubie des dirigeants ou à la suite d'une procédure totalement arbitraire comme la loterie. Platon explique que la raison pour laquelle il faudrait confier un travail plutôt qu'un autre à une personne donnée, c'est que tous les individus ne possèdent pas les mêmes talents. Tel ou tel homme est naturellement doué pour telle ou telle tâche. La répartition du travail devrait être organisée de façon que les faibles de corps deviennent marchands, et les faibles d'esprit travailleurs manuels ; ce qu'il ne nous dit pas, c'est ce que les faibles de corps *et* d'esprit sont censés faire. Platon affirme que les individus naissent avec certains dons. Pour lui, chaque être humain possède une essence déterminée qui le rend apte à un type de travail plutôt qu'à un autre et il pense qu'il est du devoir de chacun, vis-à-vis de la cité-État, d'occuper l'emploi pour lequel la nature lui a donné le plus de dispositions : « Parmi les fonctions qui intéressent l'État, une seule devrait être la tâche individuelle d'un seul homme, celle à laquelle sa nature le prédisposerait le mieux originairement[1]. » Selon lui, nous sommes tous obligés de servir le bien commun. Le problème, évidemment, c'est que le genre de vie qu'il décrit ne semble pas très engageant. Les utopies se révèlent généralement inapplicables pour les êtres humains en chair et en os, et la cité idéale de Platon ne fait pas exception.

Aristote, lui, s'intéresse moins à l'idée générale du bien commun et davantage à l'individu. À première vue, cela pourrait nous inciter à penser que son raisonnement parle davantage au lecteur moderne, mais c'est loin d'être le cas. Comment arrive-t-il à réconcilier l'idée que le travail est nécessaire avec le fait qu'il le juge incompatible avec une vie pleinement vertueuse et heureuse ? Sa solution, c'est l'esclavage. Il est vrai que, grâce au travail des esclaves, lui et ses pairs pouvaient se permettre de mener une vie oisive.

Aristote soutient que l'on peut justifier l'esclavage. De fait, son éthique le présuppose peu ou prou, puisque l'un des fondements de son raisonnement veut qu'une personne ne puisse cultiver la vertu que si elle dispose d'une grande quantité de temps libre ; or ce temps libre n'est disponible que s'il y a quelqu'un d'autre pour faire le travail. La seule solution à l'esclavage serait de tout faire exécuter par des machines. C'est d'ailleurs ce qu'imagine Oscar Wilde dans *L'Âme de l'homme sous le socialisme*, mais il est évident qu'une solution technologique ne faisait pas partie de l'horizon intellectuel d'Aristote. Et quand bien même il aurait été capable d'imaginer une société dans laquelle les machines prendraient en charge toute la production, il y aurait sans doute été fermement opposé, étant donné la méfiance générale que les Grecs anciens affichaient vis-à-vis de la technologie. Dans le cadre de sa pensée éthique et politique, il n'avait donc pas d'autre choix que de défendre l'esclavage. Bien entendu, on se demande comment une institution aussi vile a pu être soutenue.

L'argumentation d'Aristote est très simple : certains hommes sont « naturellement esclaves », et puisque, pour réussir sa vie, il faut vivre en accord avec sa nature, l'esclavage s'apparentera pour eux à une vie réussie[2]. Ils seront plus heureux en tant qu'esclaves qu'en tant qu'hommes libres.

Pour le lecteur moderne, l'idée même d'« esclaves naturels » est absurde, mais quand bien même on accepterait cette prémisse indéfendable, l'argumentation du philosophe continue à poser problème : comment donc pourrait-on distinguer les « esclaves naturels » des hommes libres ? Après tout, on ne naît pas avec le mot « esclave » gravé sur le front. À l'époque, Aristote savait pertinemment que les esclaves étaient souvent des hommes qui avaient été faits prisonniers dans le camp perdant, et cela aurait été une étrange coïncidence si ceux qui avaient perdu une guerre se trouvaient justement être des esclaves naturels. D'ailleurs, il l'a reconnu lui-même, allant jusqu'à écrire que ceux qui étaient opposés à l'esclavage en raison de son caractère injuste avaient en partie raison[3]. Dès lors, on se serait attendu à ce qu'il en tire les conséquences et qu'il proteste contre cette institution injuste, or il n'en est rien. Au contraire, il considérait l'esclavage comme une injustice nécessaire. C'est comme s'il se disait : il faut bien que quelqu'un fasse le sale boulot, alors autant que ce ne soit pas moi.

Même si les théories de Platon et d'Aristote sont inacceptables dans notre monde contemporain, les problèmes qu'elles tentaient de résoudre demeurent : la difficulté à trouver le « bon travail », celui qui correspond à sa « nature », et le fait que certaines personnes se retrouvent coincées dans les emplois les moins attrayants. On retrouve ces mêmes questions dans *Le Meilleur des mondes*, le roman dystopique d'Aldous Huxley dans lequel divers types de travailleurs sont génétiquement conçus pour remplir certains rôles. On pourrait suggérer que les Epsilon, qui travaillent à la chaîne sans avoir idée qu'il existe un autre genre de vie, sont les équivalents artificiellement produits des « esclaves naturels » d'Aristote, tandis que les Alpha correspondraient aux aristocrates.

La vie professionnelle à laquelle chacun aspire n'est pas forcément compatible avec les besoins de la société. Quand on demande aux enfants ce qu'ils veulent faire plus tard, très peu répondent qu'ils rêvent de travailler dans les égouts ou de remplir les rayons d'un supermarché. Dans une certaine mesure, leurs désirs d'enfance continuent à les accompagner lorsqu'ils deviennent adultes, même s'ils commencent alors à examiner une palette plus large d'emplois enviables et non enviables. Certains d'entre eux finiront par faire quelque chose qui ne les enthousiasme guère. Qui se chargera des boulots les moins attrayants ? Il faut bien trouver quelqu'un. Je ne veux pas dire par là que travailler dans les égouts ou remplir des rayons de supermarché ne sont pas des gagne-pain respectables. Je dis simplement que c'est typiquement le genre de job dont hériteront ceux qui ont le moins de choix à leur disposition, qui se retrouvent, dans une certaine mesure, « coincés » dans des emplois offrant moins de biens internes et externes.

Sur quelle base devrait-on attribuer tel ou tel poste ? Il semblerait que le critère des qualifications constitue la réponse la plus évidente. Il s'agit là d'une idée *méritocratique*. Sinon, on aurait apparemment comme seules autres options le népotisme, les quotas ou un type de sélection totalement arbitraire telle la loterie. La méritocratie offre plusieurs avantages : premièrement, il semble *juste* de donner un travail à quelqu'un parce qu'il apporte plus que les autres ; deuxièmement, il est évidemment plus *efficace* de proposer le poste à la personne la plus qualifiée, parce que c'est elle qui apportera le plus. Cela dit, l'argument de l'équité ne tient pas forcément la route. On peut apporter davantage soit parce qu'on est plus doué, soit parce qu'on travaille davantage. Travailler plus que quelqu'un d'autre est certainement méritoire, mais peut-on dire la même chose du talent ? Pourquoi faudrait-il récompenser quelqu'un pour le simple fait que la nature l'a doté de certaines dispositions ? Après tout, ce talent n'est pas le résultat d'une réussite personnelle. Si Jean est deux fois plus doué que Paul mais ne travaille qu'à 60 % de sa capacité tandis que Paul se donne entièrement, Jean sera toujours un peu plus productif que Paul. Or ne serions-nous pas enclins à trouver Paul plus méritant que Jean, même si ce dernier apporte davantage ? On a tendance à penser qu'une personne ordinaire qui donne 100 euros à une bonne œuvre mérite plus d'éloges que le milliardaire qui ferait de même. L'argument de l'équité n'est donc peut-être pas totalement convaincant. Dans la pratique, toutefois, il sera extrêmement difficile d'établir le ratio entre travail acharné et talent qui permet d'aboutir au résultat final, donc on devra probablement s'en tenir au résultat final. Et l'argument de l'efficacité sera toujours valable. Il semble donc qu'un ordre méritocratique soit préférable à toute autre choix.

L'idée de l'égalité des chances fait partie du socle des démocraties libérales. Mais si l'on vivait dans une société parfaitement égalitaire à cet égard, on devrait observer une forte mobilité sociale d'une génération à l'autre, or ce n'est pas le cas. Les statistiques du marché du travail font ressortir certaines constantes : les enfants reproduisent la carrière de leurs parents – les enfants d'ouvriers deviennent ouvriers ; les femmes continuent à occuper des « emplois typiquement féminins » ; les immigrés écopent des emplois de service mal payés qui leur sont traditionnellement réservés. Bien sûr, il y a des exceptions : nombre d'immigrés parviennent à monter dans l'échelle sociale, et aux États-Unis la moitié des postes d'encadrement et des emplois qualifiés sont aujourd'hui occupés par des femmes. Mais en réalité, de façon générale, les différenciations sociales dans la sphère professionnelle n'ont pas changé autant qu'on le pense. Différentes études menées dans plusieurs pays indiquent même que la mobilité sociale tend à diminuer et que les jeunes qui entrent aujourd'hui sur le marché du travail sont moins susceptibles de bénéficier de l'ascenseur social que leurs parents ne l'étaient. Il n'est pas question ici d'un déterminisme strict – notre position sociale à la naissance n'est pas une fatalité –, mais nous sommes beaucoup plus déterminés par notre environnement social que nous ne voulons bien l'admettre.

Non seulement le choix de la profession, mais aussi le fait d'avoir ou non du travail est une affaire de famille. L'existence même du chômage semble pourtant violer l'article 23 de la Déclaration universelle des droits de l'homme, selon lequel toute personne a droit à un emploi. L'article en question laisse une large place à l'interprétation, mais je ne rentrerai pas ici dans les détails. Un droit universel au travail, est-ce vraiment une bonne idée ? Aucun pays occidental n'a jamais accordé de droit positif au travail à l'ensemble de ses citoyens, et l'on comprend pourquoi : cela n'a pas beaucoup de sens d'un point de vue économique, car ce ne serait pas très efficace. On pourrait rétorquer à cela que le plein-emploi importe plus que l'efficacité, auquel cas on penserait comme le président Mao. À ce propos, citons cette anecdote d'un économiste occidental en Chine, sous Mao, qui visite un site où des centaines de travailleurs sont en train de construire un gigantesque barrage avec des pelles. L'économiste demande pourquoi les ouvriers n'utilisent pas un excavateur. Le contremaître lui répond que s'ils utilisaient des outils mécaniques de ce genre, ils feraient perdre leur travail à ceux qui utilisent des pelles. L'économiste rétorque alors : « Je pensais que vous étiez occupés à construire un barrage. Si vous voulez créer de l'emploi, vous devriez leur retirer leurs pelles et les remplacer par des cuillères. » Il est vrai que si l'on utilisait des cuillères au lieu de pelles ou d'excavateurs, on créerait des emplois. Le problème, c'est que ces emplois ne seraient pas très productifs. Ils contribueraient donc très peu à la prospérité générale de la nation et aucunement à l'élévation du niveau de vie général, ce dont les ouvriers eux-mêmes pâtiraient.

Même si l'on donnait à tous les citoyens le droit de travailler, ils n'obtiendraient pas nécessairement le poste qu'ils souhaitent. On pourrait imaginer, par exemple, que l'État emploie toute une armée de balayeurs de rues. Évidemment, les rues seraient propres, mais il est peu probable que tous ces employés seraient satisfaits de leur travail. Le droit au travail ne saurait signifier le droit à son travail préféré. Je ne peux pas revendiquer un droit à être pilote de formule 1, ou à devenir l'un de ces artistes mégalomaniaques qui sont assurés d'obtenir les fonds nécessaires pour produire des œuvres d'art monumentales qui éclipseront l'emballage du Reichstag par Christo et Jeanne-Claude. De même, beaucoup de gens auraient voulu tourner *Le Seigneur des anneaux*, une trilogie dotée d'un budget de plusieurs centaines de millions de dollars, mais c'est Peter Jackson qui a eu cette chance. Parmi ceux qui rêvent d'être pilotes de chasse, très peu le seront. Bien entendu, les plans aussi changent. Beaucoup de ceux qui voulaient devenir pilotes quand ils étaient petits ont par la suite trouvé d'autres centres d'intérêt et pris d'autres directions. Certains ont décroché un travail dans lequel ils ont pu réaliser leur ambition personnelle, d'autres pas. Le droit universel au travail constitue probablement une mauvaise idée et n'est pas forcément souhaitable non plus, puisqu'il ne s'agirait pas d'un droit à avoir le métier que l'on souhaite.

Cela peut sembler injuste, mais il est difficile de voir comment il pourrait en être autrement. Dans un monde idéal, il serait peut-être possible d'avoir une répartition parfaitement équitable des biens liés au travail – sauf que nous ne vivons pas dans un tel monde. Comme le fait remarquer William James :

> Si le philosophe éthique recherchait simplement le meilleur système de biens imaginable, sa tâche serait aisée ; car à première vue, toutes les demandes sont respectables en soi, et le meilleur des mondes imaginaires serait un monde dans lequel *chaque* demande serait satisfaite immédiatement. Un tel monde devrait toutefois avoir une constitution totalement différente de celui dans lequel nous vivons[4].

Ce ne serait peut-être même pas une bonne idée que d'essayer de rapprocher nos sociétés de cet idéal d'une distribution égalitaire des deux types de biens. Dans les pays qui ont tenté de réaliser une distribution parfaitement égalitaire, en particulier des biens externes, toutes les parties – à l'exception des membres du « Parti » – se sont généralement retrouvées avec une quantité moindre de tous les types de biens. Il s'agit peut-être d'une société plus égalitariste, mais elle est loin d'être meilleure. Je ne veux pas dire par là que des disparités importantes soient souhaitables, et il y a vraiment de quoi s'inquiéter lorsque l'on observe la montée des inégalités ces dernières années, mais une société dans laquelle on essaierait de les gommer entièrement constituerait probablement un choix bien pire.

La société des loisirs hyperactifs

On entend dire de plus en plus souvent que, de nos jours, on travaille trop et que le surmenage est un facteur de dépression, voire de mort prématurée. Neil Young a peut-être raison lorsqu'il chante : « Mieux vaut exploser que se consumer lentement. » J'imagine que la plupart d'entre nous préféreraient éviter l'un comme l'autre, et avoir plutôt une vie pleine sans s'épuiser à la tâche. Le travail est-il cause de mort prématurée ? Et même, travaillons-nous vraiment tant que cela ? En fait, contrairement aux idées reçues, nous travaillons moins que jamais, et il se trouve que ce que nous faisons serait même bénéfique pour notre santé physique et mentale.

Si l'on compare notre journée à celle de nos ancêtres d'il y a deux cents ans, ou même seulement cinquante ans, il en ressort que la plupart d'entre nous sont à temps partiel. Ceux qui occupent des postes d'encadrement – cadres, avocats, etc. – ont des journées beaucoup plus longues que l'employé moyen, mais en général ils font quand même beaucoup moins d'heures que le travailleur d'il y a un siècle ou deux. Prenons, pour commencer, un exemple particulièrement frappant. Le British Factory Act de 1833 entendait réduire la durée du temps de travail pour les adultes et les enfants employés dans l'industrie textile. La loi fixait la journée de travail à douze heures pour ceux qui avaient plus de 13 ans, dans une plage comprise entre 5 h 30 et 20 h 30, et à neuf heures pour les enfants âgés de 9 à 13 ans. Évidemment, cela paraît complètement insensé aujourd'hui, mais dans les usines, les patrons ne respectaient même pas cette loi et imposaient aux adultes comme aux enfants des horaires encore plus lourds. De nos jours, seuls des accros au boulot peuvent connaître ce genre d'emploi du temps, et bien entendu, nous interdisons le travail des enfants. Dans les pays occidentaux, depuis la révolution industrielle, on passe en moyenne moins d'heures à son poste. Il faut remonter jusqu'à avant la Renaissance pour trouver une société dans laquelle on travaillait moins.

On oppose souvent la masse de travail énorme que l'on est censé abattre aujourd'hui au tableau peint en rose de la vie harmonieuse des chasseurs-cueilleurs, beaucoup moins actifs : les Kapauku de Papouasie ne travaillent jamais deux jours de suite, les ! Kung du désert de Kalahari jamais plus de quinze heures par semaine, et les Aborigènes d'Australie généralement pas plus de quatre heures par jour. Dans *Stone Age Economics* [Économie de l'âge de pierre], l'anthropologue Marshall Sahlins décrit les chasseurs-cueilleurs comme la « première société d'abondance ». Mais leur prospérité n'est pas de nature matérielle : ils sont riches de temps. Si ce mode de vie vous tente, vous devez avoir en tête que ces groupes sont extrêmement pauvres au regard de nos critères matériels. Chacun d'entre nous pourrait travailler beaucoup moins si nous acceptions tout simplement de réduire notre train de vie. Bien entendu, nous ne nous retrouverions pas dans la même situation que les chasseurs-cueilleurs si nous travaillions deux fois moins qu'aujourd'hui : nous serions encore beaucoup plus riches. Étant donné que la productivité générale a doublé au cours des cinquante dernières années, nous devrions en principe pouvoir travailler deux fois moins et avoir exactement le même niveau de vie qu'il y a cinquante ans. Mais il y a fort à parier que ce niveau de vie ne nous satisferait pas : nous sommes donc condamnés à trimer encore plus.

Si l'on passe des chasseurs-cueilleurs à l'Antiquité, on constate que la population avait alors beaucoup de temps libre. Dans la Grèce antique, il y avait tant de festivités qu'on se demande si les gens arrivaient à trouver du temps pour travailler entre deux fêtes. Bien entendu, les esclaves restaient actifs pendant ces réjouissances, ce qui explique que la société ait pu fonctionner malgré tout.

On retrouve à peu près le même cas de figure pour les Romains, qui bénéficiaient chaque année de cent soixante-quinze jours réservés à des fêtes. Au Moyen Âge, ces fêtes romaines ont été transformées

en fêtes chrétiennes, de sorte que, là encore, le temps libre était florissant.
Gardons-nous toutefois d'avoir une vision romantique de la vie à ces époques, car elle était très dure. Une raison très simple explique cette durée de travail plus courte : la plupart des gens n'avaient pas la force de travailler davantage ; leur apport calorique était si maigre qu'il ne leur permettait qu'une durée d'activité limitée, et encore à un rythme beaucoup moins soutenu qu'aujourd'hui. À long terme, on ne peut demander plus d'énergie à un corps humain que ce qu'on lui fournit. À l'inverse, aujourd'hui, notre apport calorique est si élevé que la majorité d'entre nous ne parvient pas à le brûler au travail. On a le choix entre faire de l'exercice pour se débarrasser du surplus d'énergie ou devenir obèse.
La semaine de travail vraiment longue est un phénomène beaucoup plus récent, lié au capitalisme moderne. Lorsque l'on étudie l'histoire du capitalisme jusqu'à la seconde moitié du XIXe siècle, on observe une augmentation constante du temps de travail. Si la journée était plus courte au Moyen Âge que maintenant, elle n'a cessé d'augmenter jusque vers 1850 ; elle était alors presque deux fois plus longue qu'aujourd'hui. Dans le même temps, on note une diminution du nombre de jours de vacances. Le fait que les travailleurs étaient payés à la journée, et non au nombre d'heures, explique notamment pourquoi les horaires ont continué à s'alourdir pendant si longtemps : la quantité d'heures augmentait plus vite que le salaire journalier car cela permettait

aux patrons des usines de faire de plus gros bénéfices, et les ouvriers n'avaient pas vraiment les moyens de protester. Finalement, un nouveau système de rémunération horaire a été instauré : si on restait plus tard, on gagnait davantage. Cela signifiait aussi que l'usine n'avait pas nécessairement intérêt à faire travailler ses ouvriers autant d'heures que possible car les dernières heures de la journée, lorsqu'ils étaient plus fatigués, n'étaient pas aussi rentables.

Depuis 1850, la durée moyenne du travail dans les pays développés de l'OCDE a été réduite de près de la moitié. Il a même semblé pendant un temps que l'on s'acheminait, lentement mais sûrement, vers cet idéal décrit par Paul Lafargue dans *Le Droit à la paresse*, qui préconisait de ne pas avoir à travailler plus de trois heures par jour. Mais la diminution régulière du temps de travail semble désormais marquer le pas, et dans certains pays, notamment aux États-Unis et au Royaume-Uni, on noterait même une légère augmentation.

Néanmoins, il est difficile de déterminer précisément quelle quantité de travail on fournit aujourd'hui, les chiffres variant considérablement d'une source à l'autre. Les plus souvent cités sont les statistiques de l'OCDE sur le nombre moyen d'heures de travail par an : on compte actuellement 1 777 heures pour les États-Unis, 1 717 pour le Canada, 1 652 pour le Royaume-Uni, 1 541 pour l'Irlande, 1 362 pour l'Allemagne et 1 346 pour la France. On observe donc des différences significatives d'un pays à l'autre, puisque

les Américains et les Britanniques travaillent respectivement 431 et 306 heures de plus que les Français. D'autre part, il n'y a que 125 heures de différence entre les Américains et les Britanniques. Cela peut sembler surprenant quand on sait que les médias européens ont tendance à présenter une image cauchemardesque de la vie professionnelle aux États-Unis. On a souvent l'impression, par exemple, que beaucoup d'Américains doivent cumuler deux ou trois emplois pour s'en sortir. Or, si l'on regarde les chiffres, c'est un tableau bien moins catastrophique qui se dessine. En 2003, 5,3 % des Américains qui travaillaient avaient plus d'un emploi, et seulement 0,2 % jonglaient avec deux postes à plein-temps[1]. En réalité, le nombre de personnes qui ont plusieurs jobs est en diminution depuis une décennie. Il existe également une corrélation claire avec le niveau d'éducation : les personnes les plus éduquées sont beaucoup plus susceptibles d'avoir plus d'un emploi.
Combien de temps l'Américain moyen travaille-t-il vraiment ? Il est difficile de répondre à cette question, car les estimations varient considérablement : cela va de moins de quarante heures à plus de cinquante heures par semaine. La vérité se situe probablement à mi-chemin, mais la question du nombre d'heures réel est très controversée. Tout dépend de la façon qu'on choisit pour mesurer et appréhender le travail. Si l'on utilise un concept très large, on obtiendra un nombre d'heures élevé. C'est certainement le cas pour *The Overworked American*

(l'Américain qui travaille trop) que décrit Juliet Schor dans son ouvrage. Schor fait entrer toutes sortes d'activités non rémunérées dans sa définition du travail : cuisiner, faire le ménage, arroser les plantes, jardiner, s'occuper des enfants, les aider à faire leurs devoirs, leur lire un livre ou parler avec eux, s'occuper de ses animaux de compagnie, laver la voiture, faire les courses, etc. Avec une définition aussi large, on peut pratiquement tout inclure. J'imagine que regarder la télévision ne sera pas considéré comme du travail, à moins d'être avec les enfants. De même pour le fait d'aller au café avec un ami ou de jouer au tennis. En gros, quasiment tout ce qui ne vise pas exclusivement un bénéfice personnel – voire certaines choses que l'on fait uniquement pour soi, comme la cuisine – semble être pris en considération. Pas étonnant, dans ce cas, que les estimations de Schor sur la durée de travail de l'Américain moyen soient remarquablement élevées. En outre, comme elle estime manifestement qu'il est mauvais d'abuser de cette chose qu'elle appelle « travail », on se demande à quoi ressemblerait une vie réussie à ses yeux. Est-ce une vie dans laquelle on ne devrait pas lire d'histoire à ses enfants ni s'occuper de son animal de compagnie, et où l'on serait libre de consacrer toute son attention à sa propre personne ? Dans ce cas, son idée d'une vie réussie est très différente de la mienne.

Le problème, avec les études sur le temps de travail, c'est qu'elles sont très souvent fondées sur les estimations des employés eux-mêmes, or nous avons tendance à surestimer le nombre d'heures que nous fournissons. Dans une étude sur la façon dont les Américains occupent leurs journées, John Robinson et Geoffrey Godbey ont demandé à 10 000 participants de consigner leur emploi du temps dans un agenda minute par minute, vingt-quatre heures sur vingt-quatre. Les résultats rapportés dans l'ouvrage *Du temps pour la vie*[2], paru en 1997, sont très intéressants. Les hommes qui ont répondu à l'enquête disaient avoir travaillé en moyenne 46,2 heures par semaine, mais lorsque les chercheurs ont additionné les heures notées dans leur agenda, il s'est avéré qu'ils n'avaient pas fait plus de 40,4 heures. Il y avait un écart encore plus important pour les femmes, qui prétendaient avoir travaillé 40,4 heures alors qu'elles n'avaient noté que 32 heures dans leur agenda. Plus les personnes interrogées disaient avoir travaillé, plus l'écart était grand. Celles qui avançaient un chiffre de 80 heures par semaine n'avaient pas dépassé 55 heures, d'après leur agenda. C'est beaucoup, bien sûr, mais largement moins que ce qu'elles avaient déclaré. En fait, l'étude en concluait que les Américains disposent aujourd'hui de plus de temps libre que jamais. Même si l'on inclut les transports et les tâches domestiques non rémunérées, comme le ménage et la cuisine, le temps de travail total ne dépasse pas 50 heures par semaine, ce qui représente un record historique de temps libre pour eux.

Alors que, de façon générale, le temps de travail moyen n'a pas tendance à s'accroître – et dans les quelques pays où l'on pourrait noter une augmentation, celle-ci est relativement limitée –, le nombre de personnes qui déclarent travailler beaucoup plus que l'horaire moyen est en hausse. Donc, même si la plupart des gens travaillent moins que par le passé, il semble qu'une minorité travaille de plus en plus et que cette minorité soit de plus en plus importante sur le plan numérique. Au Royaume-Uni, une personne active sur six affirme dépasser les 60 heures par semaine, ce qui veut dire qu'elle s'expose potentiellement à des problèmes de santé dus au surmenage. Quelques études indiquent en effet que ceux qui font plus de 12 heures par jour courent un risque beaucoup plus élevé de se blesser et de tomber malades. Cela ne devrait d'ailleurs pas nous surprendre. Certaines personnes meurent littéralement d'épuisement à la tâche.

En anglais, il n'existe pas de mot pour décrire le fait de mourir d'avoir trop travaillé. En japonais, cela se dit *karoshi*, et en chinois *guolasi*. Au Japon, ce phénomène est reconnu comme un problème grave, et le ministère du Travail publie des statistiques annuelles sur les décès liés au *karoshi*. On observe même ces derniers temps une vague de procès *karoshi*, qui voient la famille du défunt demander compensation à l'employeur. On trouve également des exemples de décès liés au surmenage en Europe et aux États-Unis, même s'il n'y a pas de chiffres officiels. N'en déduisons pas pour autant qu'une réduction du temps de travail moyen dans les pays occidentaux aurait des effets positifs sur la santé.

Bien entendu, ce n'est pas votre boulot qui risque de vous tuer si vous ne travaillez pas, mais vous mourrez bien de quelque chose. Comme disait Keynes en 1923, « à long terme, nous serons tous morts ».

Les personnes actives vivent en général plus longtemps que les autres. En Norvège, la différence est de huit ans pour les femmes et de sept pour les hommes. Plusieurs explications peuvent être avancées, notamment le fait que beaucoup de personnes se retrouvent en dehors du marché du travail parce qu'elles ont des problèmes de santé, mais rien ne prouve que le travail contribue à une rencontre prématurée avec la Faucheuse. En réalité, il semble que ce soit l'inverse.

Bien entendu, tout dépend du type de métier que l'on exerce, mais, de façon générale, nombre d'études crédibles tendent à démontrer les effets positifs du travail sur la santé. Celle de Gordon Waddell et A. Kim Burton constitue à ce jour l'enquête la plus exhaustive sur le sujet. Dans leur ouvrage, les deux professeurs de médecine britanniques affirment que « le travail est généralement bon pour la santé physique et mentale ainsi que pour le bien-être[3] ». Leur étude est intéressante, car elle va à l'encontre de l'approche habituelle qui consiste à examiner les effets néfastes du travail en partant du principe que ce dernier constituerait un danger pour la santé. En se concentrant sur les aspects bénéfiques, ils brossent un tableau complètement différent.

De fait, le chômage est beaucoup plus dangereux pour la santé que le travail. Dans les pays développés qui offrent un niveau de sécurité sociale décent, les aspects psychologiques du chômage prédominent. Ceux-ci ont une grande incidence sur la santé des personnes concernées, dont le taux de mortalité est plus élevé, et la santé physique et mentale plus fragile. Si l'on s'intéresse aux effets négatifs sur le bonheur, à ce « bien-être subjectif », selon le terme souvent employé dans les études empiriques, le chômage est l'un des événements dont l'impact est le plus fort, outre les maladies graves et le divorce. Apparemment, la perte de revenu ne joue qu'un rôle mineur ; d'autres facteurs comptent beaucoup plus que les aspects purement économiques. Le chômeur « typique » aura moins d'interactions sociales avec les autres et une estime de soi diminuée. Le chômage devient une question personnelle qui affecte ceux qui y sont confrontés en tant qu'individus, et non pas seulement en tant que membres du groupe des chômeurs. Étant donné l'importance que nous accordons au travail dans la définition de notre identité, il n'est guère surprenant que ceux qui perdent leur emploi et n'arrivent pas à en retrouver un soient souvent anéantis.

Le résultat le plus étonnant de l'étude de Waddell et Burton est peut-être que ceux qui n'ont pas une bonne santé mentale et physique pendant qu'ils sont au chômage la recouvrent dès lors qu'ils retrouvent un emploi. Selon les deux chercheurs, environ de 5 à 10 % des actifs pourraient être en meilleure santé s'ils n'avaient pas à travailler, notamment ceux qui souffrent d'asthme ou d'une maladie grave, mais pour les autres, l'activité professionnelle aurait une incidence positive sur leur santé et leur longévité.

Cela ne signifie pas pour autant qu'on sera en meilleure santé et qu'on vivra plus longtemps si l'on travaille davantage. Travailler trop est destructeur. Ce n'est pas un hasard si les camps de travail sont des institutions disciplinaires. Il est difficile de quantifier ce que représente « trop de travail », mais du point de vue de la santé, il n'y a aucune raison de penser qu'aujourd'hui on en soit arrivé là.

Une autre donnée tend à prouver que, dans le fond, la plupart des gens n'ont pas le sentiment d'avoir des horaires trop lourds : nous serions très peu nombreux à accepter de passer à temps partiel. Beaucoup de sociétés le proposent à leurs employés en contrepartie d'une réduction salariale, or toutes les études montrent que très peu d'entre eux – généralement de 3 à 5 % – acceptent. La question est de savoir pourquoi. Pour certains, la raison est simple : ils ne peuvent se permettre de gagner moins s'ils veulent garder un niveau de vie acceptable. Mais ceux qui ont un revenu élevé et qui, s'ils réduisaient leur temps de travail et leur salaire, seraient encore bien au-dessus du revenu médian refusent eux aussi. Qui plus est, ils sont encore moins enclins que ceux qui sont moins payés à prendre les congés *payés* auxquels ils ont droit. Là encore, pourquoi ? Certains employés craignent peut-être d'être davantage exposés à un licenciement s'ils ne montrent pas leur total engagement vis-à-vis de leur entreprise en travaillant à plein-temps ou plus. Pourtant, le nombre de personnes qui optent pour le temps partiel n'augmente pas lorsque l'économie se porte bien et quand le risque de licenciements est très faible.

Il peut aussi y avoir une autre inquiétude : on aura moins de chance d'être promu si on travaille à temps partiel. Cela semble plus probable : si je devais promouvoir quelqu'un et qu'à qualifications égales j'avais le choix entre deux employés dont l'un travaille à temps plein et l'autre à temps partiel, je choisirais probablement le premier. Je crois que la question que chacun doit se poser est de savoir jusqu'à quel point la perspective de cette promotion compte pour lui. Si l'on accorde beaucoup d'importance à la possibilité de passer plus de temps avec sa famille et ses amis, le fait de rater une promotion devrait être un prix acceptable à payer. Certains estimeront peut-être qu'il est injuste d'être « puni » parce qu'on veut consacrer plus de temps à sa famille. Selon moi, ils ne sont pas punis ; ils choisissent tout simplement ce qui compte le plus pour eux, et je pense qu'à long terme ils font un meilleur choix que ceux qui passent en grande partie à côté de leur vie de famille.

L'explication la plus plausible du fait que les gens ne travaillent pas moins, même quand ils le pourraient, est donc simple : ils ne le souhaitent pas. Arlie Russell Hochschild[4], qui a réalisé une étude intéressante sur les relations entre travail et vie de famille aujourd'hui, s'appuie sur deux enquêtes qui le confirment. En 1985, le Bureau des statistiques du travail américain a mené une enquête pour savoir si les travailleurs étaient satisfaits de leur situation ou s'ils préféreraient une semaine plus courte ou plus longue. Moins de 10 % d'entre eux ont répondu qu'ils souhaitaient travailler moins, 65 % qu'ils ne voulaient rien changer, et les autres qu'ils voudraient travailler *plus*. En 1993, l'Institut new-yorkais pour les familles et le travail a cherché à évaluer combien de temps et d'énergie les actifs consacraient au travail, à leur famille, à leurs amis et à eux-mêmes, et combien de temps ils souhaiteraient idéalement leur consacrer. Les réponses aux deux questions étaient quasiment identiques. Si ces deux études donnent une image relativement exacte de ce que les gens pensent généralement de l'équilibre entre vie professionnelle et vie privée, il semble que la majorité estime avoir trouvé cet équilibre, ou du moins s'en approcher.

L'opinion apparemment très répandue qui veut que, dans les pays occidentaux, on se tue à la tâche, ou en tout cas que l'on risque constamment de faire une dépression liée au surmenage, ne trouve guère de confirmation dans les études existantes. Apparemment, ce n'est rien d'autre qu'un mythe populaire. On pourrait penser que, la journée de travail étant plus courte que par le passé, l'intensité et le rythme se sont accrus, mais il n'y a pas vraiment de preuves à l'appui. En revanche, notre vie tout entière semble s'être accélérée. Nous dormons moins, par exemple. Au cours du siècle passé, la durée moyenne du sommeil a diminué de une à deux heures par jour, ce qui est énorme. Que faisons-nous de ce temps d'éveil supplémentaire ? Une chose est sûre : nous ne le passons pas au travail. Pourtant, de plus en plus de personnes se plaignent d'épuisement, voire de « burn out ». Si tel est le cas, il faut peut-être en conclure que nous sommes épuisés non par notre travail, mais par nos loisirs.

Le proverbe *« All work and no play makes Jack a dull boy »*, que l'on pourrait traduire littéralement par « Trop de travail et pas de loisirs font de Jack un triste sire » et que l'on connaît surtout grâce à *Shining*, le film de Stanley Kubrick, est issu des *Proverbes* de James Howell, publiés en 1659. L'idée générale est toutefois beaucoup plus ancienne, et dans les maximes du sage égyptien Ptah-hotep, écrites au IIIe millénaire avant notre ère, on peut déjà lire : « Celui qui fait des comptes à longueur de journée ne passe pas des jours heureux. » De son côté, Hérodote, le « père de l'histoire », rapporte la réponse du pharaon égyptien Amasis à certains de ses amis qui l'accusaient d'être trop paresseux :

> Les gens qui possèdent un arc le bandent au moment de s'en servir, et ils le détendent après s'en être servis. S'ils le gardaient toujours bandé, l'arc se briserait, si bien qu'ils ne pourraient s'en servir en cas de besoin. Il en est de même de l'homme : s'il voulait

> s'appliquer toujours aux tâches sérieuses sans jamais s'accorder un moment de détente, il en arriverait à son insu soit à la folie, soit à l'abrutissement. Conscient de ce danger, je donne leur part aux plaisirs comme aux affaires[5].

Deux mille cinq cents ans plus tard, ce conseil est toujours aussi avisé. Nous avons tous besoin de moments de détente. Ford, pourtant, pensait exactement le contraire : « Aucun d'entre nous n'a droit au relâchement. L'oisif n'a pas sa place dans notre civilisation[6]. » Il avait tort, bien entendu. Le besoin de repos est même inscrit dans l'article 24 de la Déclaration universelle des droits de l'homme, qui affirme que « toute personne a droit au repos et aux loisirs, et notamment à une limitation raisonnable de la durée du travail et à des congés payés périodiques ».

Le mot « loisir » vient du latin *licere*, qui signifie « être permis ». Pendant nos loisirs, nous avons la permission de passer notre temps comme il nous plaît – ou, du moins, c'est apparemment l'idée de base. Le fait qu'une activité donnée relève du travail ou du loisir va dépendre de l'attitude de la personne concernée : il ne fait aucun doute que les athlètes professionnels travaillent lorsqu'ils pratiquent leur sport, mais nous sommes nombreux à faire du sport pendant notre temps libre ; la lecture est quelque chose que je considère généralement comme du travail, mais pour la plupart des gens, c'est un loisir ; si je construisais une bibliothèque, ce serait probablement un loisir, mais pour un menuisier, ce serait du travail. Finalement, on pourrait dire que le travail d'une personne constitue le loisir d'une autre.

Cela apparaît très clairement dans *Les Aventures de Tom Sawyer*, le roman de Mark Twain, dans la fameuse scène où Tom réussit à convaincre ses amis de repeindre la barrière pour lui en leur faisant croire que c'est un privilège rare. Il parvient même à se faire payer cette faveur en soldats de plomb et en pétards.

> Il avait découvert à son insu l'une des grandes lois qui font agir les hommes, à savoir qu'il suffit de leur faire croire qu'une chose est difficile à obtenir pour allumer leur convoitise. Si Tom avait été un philosophe aussi grand et aussi profond que l'auteur de ce livre, il aurait compris une fois pour toutes que travailler, c'est faire tout ce qui nous est imposé, et s'amuser exactement l'inverse. Que vous fabriquiez des fleurs artificielles ou que vous soyez rivé à la chaîne, on dira que vous travaillez. Mais jouez aux quilles ou escaladez le mont Blanc, on dira que vous vous amusez. Il y a en Angleterre des messieurs fort riches qui conduisent chaque jour des diligences attelées à quatre chevaux parce que ce privilège leur coûte les yeux de la tête, mais si jamais on leur offrait de les rétribuer, ils considéreraient qu'on veut les faire travailler et ils démissionneraient[7].

Si l'on peut transformer un travail en loisir uniquement par son attitude, on devrait aussi pouvoir faire l'inverse. Mais d'ailleurs, à quoi devraient ressembler les loisirs ? La majorité des gens s'accorde pour dire qu'ils doivent être ludiques. Le mot « jouer » vient de l'anglo-saxon *plega,* qui signifie « danser » ou « se réjouir ». Les activités ludiques sont *autotéliques,* c'est-à-dire qu'elles constituent une fin en soi. Elles peuvent évidemment avoir nombre d'effets bénéfiques, mais là n'est pas la *raison* qui nous pousse à nous y adonner. Si on joue, c'est parce que c'est amusant.

Pourtant, il est évident qu'une grande partie de ce que l'on considère comme du loisir n'est pas franchement amusante. Dans *Par-delà le bien et le mal,* Nietzsche écrit ainsi :

> Les races laborieuses ont grand'peine à supporter l'oisiveté. Ce fut un coup de maître de l'instinct *anglais* de sanctifier le dimanche dans les masses et de le rendre ennuyeux pour elles, à tel point que l'Anglais aspire inconsciemment à son travail de la semaine[8].

Aujourd'hui, il semblerait que nous versions dans l'extrême inverse, avec notre tendance à remplir notre temps libre d'activités, jusqu'au trop-plein. Les loisirs demandent tellement d'énergie que, lorsqu'on retourne au travail, on a souvent l'impression d'être enfin en vacances. Plusieurs observations empiriques suggèrent qu'un nombre croissant de personnes préfèrent passer davantage de temps au bureau car elles trouvent leurs loisirs trop stressants. De leur côté, les entreprises font tout ce qu'elles peuvent pour offrir à leurs employés, notamment au personnel d'encadrement, des services leur permettant de passer plus de temps au travail et moins chez eux. De fait, beaucoup d'employés ne considèrent plus leur domicile comme un lieu déconnecté de leur travail, mais plutôt comme leur second bureau, sauf qu'il est moins gratifiant. Selon Hochschild, c'est davantage le cas pour les femmes que pour les hommes. Dans l'ensemble, on ne note pas de différences très significatives, mais les hommes sont plus souvent dans un « état émotionnel positif » chez eux – et on observe le contraire au travail. On ne prendra guère de risques en avançant que cela s'explique par la distribution des tâches domestiques.

Plusieurs écrivains ont ouvertement déclaré préférer le travail aux vacances. Dans *La Conquête du bonheur*, Bertrand Russell affirme :

> C'est pourquoi le travail est nécessaire d'abord et avant tout comme un préventif contre l'ennui, car l'ennui que l'on éprouve à faire un travail nécessaire quoique monotone n'est rien en comparaison de celui que l'on ressent quand on ne sait que faire de ses journées[9].

Il explique un peu plus loin que la satisfaction que procure le fait de tuer le temps « suffit à rendre un homme dont le travail est monotone plus heureux dans l'ensemble que l'homme qui n'a aucune occupation[10] ». Affirmation quelque peu surprenante quand on sait que l'un de ses essais les plus célèbres s'intitule justement *Éloge de l'oisiveté*, et qu'il semble donc contredire très exactement les arguments développés dans cet ouvrage. Cela dit, je crois qu'il a raison lorsqu'il dit que le travail est souvent moins pénible que l'oisiveté totale.

Dans son *De Homine*, Thomas Hobbes écrit : « Le travail est bon, c'est une raison de vivre. L'oisiveté est une torture[11]. » Dans la même veine, Noël Coward prétend que « le travail est beaucoup plus amusant que n'importe quelle distraction ». Mais est-ce bien vrai ? Tout dépend du type de travail et de distraction. Si l'on faisait un sondage dans le monde entier, je doute que la majorité des travailleurs serait d'accord avec Coward. Mais ils seraient probablement nombreux à reconnaître qu'on ne s'amuserait pas autant si le travail n'existait pas. Lorsque vous êtes en congés toute la semaine, le week-end n'a rien de particulier.

En 1996, l'Institut d'études prospectives de Copenhague a demandé à un échantillon représentatif de travailleurs danois ce qui, du travail ou des loisirs, leur paraissait le plus gratifiant, ou si tous deux procuraient la même satisfaction. 10 % des personnes interrogées ont choisi le travail, 13 % les loisirs, et l'immense majorité, soit 77 %, a répondu que les deux étaient tout aussi épanouissants. Ils avaient probablement compris que si on a l'un sans avoir l'autre, cela diminue d'autant la valeur du premier, alors que si on a les deux, la valeur des deux augmente.

Dans un article rédigé en 1928, G. K. Chesterton faisait remarquer que le mot « loisir » pouvait avoir différentes significations :

> Je pense que le terme de loisir en est venu à désigner trois cas de figure complètement différents : avoir le droit de faire quelque chose, avoir le droit de faire tout ce que l'on veut, ou encore (et c'est probablement ce qu'il y a de plus rare et de plus précieux) avoir le droit de ne rien faire. Il ne fait aucun doute que le premier s'est développé de façon importante dans notre vie sociale récente, ce qui est probablement des plus bénéfiques. À l'évidence, il y a beaucoup plus de matériel sophistiqué et de possibilités pour les amateurs de golf, les joueurs de bridge, les jazzmen ou les automobilistes. Mais celui qui vit dans un monde où ces distractions sont disponibles aura vite fait de découvrir que le monde moderne n'est pas vraiment un fournisseur universel, que certaines choses sont de plus en plus faciles à obtenir alors que d'autres sont hors de portée. Quant au deuxième type de loisir, on ne peut certainement pas dire qu'il se soit développé : dans l'ensemble, c'est plutôt l'inverse. Avoir entre ses mains un matériau que l'on peut sculpter pour obtenir la forme que l'on souhaite est désormais un plaisir presque exclusivement réservé aux artistes. Quant à la troisième forme de loisir, la plus précieuse, la plus réconfortante, la plus pure et la plus sacrée, cette noble habitude qui consiste à ne rien faire du tout, elle est négligée à un point qui me semble menacer de dégénérescence l'ensemble de la race. C'est parce que les artistes ne pratiquent plus, que les mécènes ne financent plus,

> que les foules ne se rassemblent plus pour révérer l'Inaction, cette grande œuvre, que le monde a perdu sa philosophie et qu'il n'a même pas été capable de créer une nouvelle religion[12].

Il est quelque peu surprenant de lire cela quand on sait que Chesterton lui-même a écrit plus de cent livres et qu'il était donc parfaitement incapable de ne rien faire ! Je crois qu'aujourd'hui la situation est encore pire que lorsqu'il a écrit ce passage, il y a soixante-dix ans ; il faudrait peut-être ajouter une quatrième signification, celle de devoir tout faire !

Lorsque le week-end et surtout les vacances approchent, on est pris d'un sentiment d'urgence. On dispose d'un temps limité et il faut donc l'utiliser pleinement, sans perdre une minute. Or cette gestion stricte du temps ne semble guère compatible avec quoi que ce soit qui ressemble, ne fût-ce que vaguement, à des vacances. Je suis frappé par le fait que nos vacances s'apparentent de plus en plus à une forme de tyrannie de l'efficacité. Ces hordes de touristes qui s'arrêtent un quart d'heure devant chaque site pour maximiser le nombre de lieux visités semblent être devenues la norme.

Le mot « vacances » est à mettre en rapport avec le latin *vacatio*, qui signifie « exemption », « dispense ». Pendant les vacances, on est censé pouvoir choisir ce que l'on veut faire, et non être obligé à quoi que ce soit. Pourtant, les congés finissent souvent par ressembler à du travail – sauf qu'on se les paie soi-même. On ne peut pas perdre une minute, on « doit » voir tel musée ou tel monument. Personnellement, je préfère les vacances qui sont une perte de temps totale, car je pense que là est précisément leur vocation. Pour moi qui voyage beaucoup et qui donne des conférences à droite et à gauche, les meilleures vacances consistent souvent à rester tout simplement à la maison à ne rien faire ou presque, et surtout à ne pas devoir atterrir dans un énième aéroport et passer la nuit dans un énième hôtel.

La temporalité de la sphère professionnelle a donc envahi nos loisirs et gommé en grande partie ce qui distinguait les deux ; du coup, le « vrai travail » nous semble souvent relaxant, comparé à ce « pseudo-travail » que sont nos loisirs. Les vacances peuvent finir par nous peser, pour cause d'emploi du temps de plus en plus chargé. À croire que Benjamin Franklin avait raison lorsqu'il déclarait que « le temps, c'est de l'argent ». On pourrait dire que nous organisons implicitement notre temps libre comme si nous suivions les principes d'organisation scientifique du travail de F. W. Taylor, ce consultant en gestion du XIXe siècle. Les loisirs doivent être utilisés de manière aussi efficace que possible. Nous sous-traitons la garde des enfants, le ménage, la cuisine et le reste pour pouvoir préserver autant qu'il se peut notre précieux temps libre, et le résultat est que nous nous comportons de façon encore plus frénétique. De fait, il y a beaucoup de gens dont le temps libre est plus structuré que le temps de travail. Mais si les vacances sont régies par un agenda, est-ce que ce sont encore des vacances ? Herbert Spencer, le philosophe et sociologue du XIXe siècle, mettait déjà les Américains en garde contre ce phénomène. Voici un extrait de la conférence qu'il donnait à New York en 1882 :

> Lorsque nous nous consacrons exclusivement au travail, les distractions cessent de nous amuser ; et lorsqu'il devient impératif de prendre du repos, la vie devient ennuyeuse car elle a perdu son seul intérêt, l'intérêt pour le travail. La remarque que l'on entend souvent en Angleterre, à savoir que lorsque les Américains voyagent, ils veulent voir le plus de choses possible en un minimum de temps, je la retrouve ici aussi : la satisfaction d'aller de l'avant prend le pas sur presque toutes les autres[13].

Il ajoutait qu'il était « temps de prêcher l'évangile de la relaxation ». Au cours des cent vingt-cinq dernières années, nos loisirs sont devenus moins reposants. Nous ressemblons de plus en plus aux Américains qu'il décrivait dans son allocution. D'après moi, si aujourd'hui tant de personnes se plaignent d'être exténuées ou déprimées, ce n'est pas parce qu'elles travaillent trop, mais plutôt parce que leurs loisirs les épuisent.

La pseudo-philosophie du management

Mis à part les indépendants, très peu de travailleurs peuvent échapper au phénomène du management. En anglais, le verbe *manage* vient de l'italien *maneggiare*, qui veut dire « manier » et que l'on utilisait tout particulièrement à propos des chevaux. Le mot « management » a gardé en partie ce sens, celui de quelqu'un qui mène quelque chose ou quelqu'un d'autre, même si aujourd'hui, sur le lieu de travail, la notion est davantage verbale que physique.

La question de savoir depuis quand exactement le management intervient dans le travail est matière à controverse. Certains considèrent qu'il s'agit incontestablement d'un phénomène moderne, tandis que d'autres font remarquer que chez les Sumériens et les Égyptiens, déjà, l'organisation du travail laissait place à une forme de management. On pourrait aussi faire valoir que l'entraînement militaire dans la société spartiate ou romaine, qui avait pour but de maximiser l'efficacité, ressemblait quelque peu au « management scientifique ». Cela dit, il est évident que la planification du travail a pris de plus en plus d'importance au fur et à mesure que le travail en usine s'est généralisé.

L'étude scientifique de l'organisation du travail a fait une percée décisive avec la parution, en 1911, de l'ouvrage de F. W. Taylor, *Principes d'organisation scientifique des usines*. C'est probablement un des livres les plus influents du monde moderne. Il a peut-être eu un lectorat limité, mais il a radicalement changé notre idée de la façon dont il fallait organiser le travail pour maximiser la production. Taylor était connu pour être un gros travailleur ; il se levait à 5 heures du matin, travaillait de 7 heures à 17 heures, rentrait dîner chez lui et se remettait à étudier jusqu'à 23 heures, puis il allait courir avant de se coucher et de s'accorder cinq heures de sommeil. De toute évidence, voilà un homme qui ne tolérait aucun laxisme, ni chez lui ni chez les autres. Taylor a eu l'idée d'utiliser une technologie de pointe pour son époque : le chronomètre. Il a mené ses expériences sur nombre d'ouvriers, mais s'est intéressé tout particulièrement à un immigrant hollandais qu'il appelait « Schmidt ». Celui-ci était surveillé pendant son travail comme pendant son sommeil, et Taylor a mesuré la durée exacte de chacun de ses gestes : tout était quantifié. Il estimait que Schmidt pouvait améliorer de beaucoup sa productivité et, sur ses instructions, l'ouvrier a réussi à ramasser 47 tonnes de fonte brute en mettant le même temps que ce qu'il lui fallait auparavant pour ramasser 12,5 tonnes. Bien entendu, cette augmentation de productivité a demandé davantage d'efforts et

Taylor a jugé que Schmidt devait recevoir une compensation financière s'il fournissait plus d'efforts, mais pour accroître sa productivité de 400 %, il suffisait d'une augmentation de salaire de 40 %. Pour Taylor, c'était la preuve de la validité de sa théorie sur l'organisation scientifique du travail.

Dans son ouvrage, il décrit Schmidt comme un individu extrêmement stupide, ce qui représente un avantage majeur à ses yeux car, selon lui, le travailleur manuel doit se contenter de prêter ses muscles, toute la réflexion revenant à la direction de l'entreprise. Le processus de travail lui-même devient complètement détaché des compétences de l'employé ; il n'y a pas l'ombre d'un reste d'artisanat ou de tradition dans les tâches quotidiennes de l'ouvrier, qui doit idéalement avoir aussi peu de cervelle qu'un robot. Dans un système où les employés n'ont plus aucune connaissance ni initiative, la direction a un contrôle à peu près total sur l'ensemble du processus de travail. Un ouvrier qui tenterait d'envisager ou de suggérer une façon différente de faire les choses serait tout simplement licencié. On n'exagérerait pas en qualifiant tout cela de dégradant. D'ailleurs, Taylor pensait que s'il voulait arriver à persuader les ouvriers d'accepter un tel régime, il faudrait non seulement augmenter leurs salaires, mais exercer en outre une certaine dose de coercition.

C'est dans les usines Ford que les principes tayloristes ont été mis en œuvre avec le plus de succès, associés à l'utilisation de chaînes de montage. La technologie de base de la chaîne de montage était déjà en usage, par exemple dans l'industrie de la viande, mais Ford en a changé le mode de fonctionnement. Le principe d'une chaîne est le suivant : plutôt que d'amener l'ouvrier au travail, on apporte le travail à l'ouvrier, qui reste à son poste. La direction de l'usine peut ainsi déterminer la vitesse à laquelle une tâche spécifique doit être accomplie, et la division du travail est portée à une échelle résolument nouvelle. Les ouvriers qui assemblaient les voitures pour Ford avaient besoin de très peu de qualifications, et le fait qu'ils n'aient aucune compétence ni capacité de réflexion était même vu comme un avantage : ces qualités étaient réservées à la direction. Dans une interview donnée au *Chicago Tribune* en 1916, Ford déclarait : « L'histoire, c'est plus ou moins de la foutaise. C'est la tradition. Nous ne voulons pas de la tradition. Nous voulons vivre dans le présent, et la seule histoire qui vaille un clou, c'est celle qui s'écrit aujourd'hui même. » Dans ses usines, l'organisation du travail était pleinement en accord avec ce principe, puisqu'il ne restait plus la moindre bribe d'histoire ni de tradition dans le processus de travail, qui était devenu d'une monotonie abrutissante. Ford pensait néanmoins que les ouvriers seraient tout à fait disposés à accepter une telle « dégradation » pour peu qu'ils soient suffisamment payés.

Le travail à la chaîne n'était pas aussi dément que dans *Les Temps modernes*, mais la parodie de Chaplin a eu l'impact recherché. Dans le paradigme fordiste, l'ouvrier était plus ou moins considéré comme une pièce mécanique de la machine. Chaplin l'a brillamment dépeint dans son film, lorsqu'on voit l'ouvrier aspiré par la machine et faire corps avec elle. Ses tics montrent à quel point la temporalité de la machine a fini par posséder le corps humain. Il y a aussi cette scène étrange où le pauvre Chaplin est coincé dans une machine à manger. Si on nourrit l'ouvrier, il pourra continuer à travailler ; c'est exactement comme si on mettait de l'essence dans un moteur.

En 1940, l'entreprise Ford a produit son propre film, *Symphonie en fa*, que l'on peut considérer comme une réponse aux *Temps modernes*. Le film essayait de présenter une image plus positive du travail à la chaîne. Le rythme était lent, comme pour souligner la beauté du processus d'assemblage, et on ne voyait que quelques répétitions pour chaque opération, histoire d'éviter toute impression de monotonie. L'usine devenait un royaume magique dans lequel les pièces détachées étaient animées et où les voitures se construisaient toutes seules. Le film se terminait sur ces mots : « La terre produit les matières premières qui vont être transformées et mises au service des hommes par les employés, la direction et les machines de Ford. » Comme on le voit, la description grotesque du travail à la chaîne par Chaplin était probablement beaucoup plus proche de la réalité, ce qui explique que Ford ait dû augmenter autant ses salaires.

Avant que ce dernier n'introduise les fameux 5 dollars par jour, le taux de renouvellement du personnel était de 370 %, ce qui veut dire que l'ensemble de la main-d'œuvre devait être remplacé près de quatre fois par an. Quelle était la raison principale de ce turnover élevé ? Ce n'est pas que les ouvriers se faisaient licencier : ils démissionnaient parce qu'ils ne pouvaient pas supporter le travail, malgré les difficultés financières dans lesquelles ils se débattaient. Chez Ford, il semble que le système des 5 dollars par jour ait rendu la monotonie plus supportable. Après tout, le salaire hebdomadaire moyen n'était alors que de 11 dollars. À l'époque, le *Wall Street Journal* n'a pas pris au sérieux l'idée des 5 dollars, qu'il a qualifiée de « stupide », tandis que le *New York Evening Post* parlait d'un « acte de générosité magnifique ». Ils avaient tort tous les deux : Ford lui-même décrivait son invention comme un moyen brillant de réduire les coûts. Le travail à la chaîne a entraîné une telle augmentation de la productivité qu'il aurait pu se permettre de payer ses ouvriers quatre fois plus, soit 20 dollars par jour, sans rogner sur ses bénéfices.

Un ouvrier rendu totalement automate qui ne cesse d'accomplir exactement la même opération optimisée : tel était l'idéal du modèle de production fordiste. Les travailleurs restaient à leur place, seule la machine bougeait. Cette approche posait toutefois problème : les employeurs se retrouvaient souvent face à des ouvriers plus intransigeants que ce qu'ils auraient souhaité. Les ouvriers non qualifiés à qui le travail n'apportait guère de satisfactions, si ce n'est le salaire, devenaient de plus en plus hostiles et de moins en moins coopératifs. Ils rechignaient à accomplir les tâches qui n'étaient pas explicitement mentionnées dans leur description de poste, et tout se résumait à une question de marchandage. Même le sabotage n'était pas rare. C'était probablement une forme de protestation morale contre les conditions de travail, et un moyen pour les ouvriers de montrer leur autonomie dans un système industriel qui ne leur en accordait aucune.

La philosophie morale d'Emmanuel Kant peut nous aider à comprendre ce qui est moralement discutable dans ce type d'organisation du travail. Dans une perspective kantienne, tout être humain, même l'ouvrier, devrait être traité comme une fin en soi : « Agis de façon telle que tu traites l'humanité, aussi bien dans ta personne que dans toute autre, toujours en même temps comme fin, et jamais simplement comme moyen[1]. » En gros, cela signifie qu'il faut avoir du respect pour les individus. Pour Kant, si l'on traite les êtres humains comme de simples instruments sans aucune valeur, on ne les respecte pas. À noter toutefois qu'il ne dit pas qu'on ne peut en aucun cas utiliser une personne comme moyen pour arriver à ses fins. Lorsque nous payons quelqu'un pour qu'il nous fournisse quelque chose, de fait nous l'utilisons comme moyen permettant de parvenir à une fin. Ce qu'il veut dire, c'est qu'on ne doit pas traiter un être humain *uniquement* comme moyen, mais toujours également comme fin en soi. Qui plus est, on doit respecter ce qui fait de cet être un humain, à savoir sa capacité à avoir un comportement autonome. Or il est tout à fait évident que le modèle tayloriste d'organisation scientifique du travail et sa mise en application dans les usines Ford ne laissaient aucune autonomie aux ouvriers. D'un point de vue kantien, c'était donc quelque chose d'immoral.

Il semble que le taylorisme constitue un exemple éclatant des maux de la production dans les régimes capitalistes tels que Marx les a décrits. En 1913, Lénine ne cachait pas son mépris pour la théorie tayloriste de l'organisation scientifique du travail. Pour lui, il s'agissait d'une tentative pour « tirer de l'ouvrier trois fois plus de travail dans la même journée ». Mais l'année d'après, il avait changé radicalement d'attitude lorsqu'il écrivait :

> À l'insu de ses auteurs et contre leur volonté, le système Taylor prépare le temps où le prolétariat prendra en main toute la production sociale et désignera ses propres commissions, des commissions ouvrières, chargées de répartir et de régler judicieusement l'ensemble du travail social[2].

Les années qui ont suivi n'ont fait que renforcer Lénine dans ses convictions et en 1918, il était d'avis que la révolution russe ne pourrait pas réussir sans le taylorisme. Bien entendu, il n'avait pas les mêmes intentions que Taylor, puisque son but n'était pas d'augmenter les profits des capitalistes, mais plutôt de mettre à profit une efficacité accrue pour réduire la journée de travail, ce qui se rapprochait de l'idéal présenté par Marx dans le troisième volume du *Capital*. Néanmoins, le jeune Marx aurait probablement accusé Lénine d'exposer les ouvriers à la pire forme d'aliénation. De fait, une faction « antitayloriste » appelée « communisme de gauche » a émergé au sein du parti communiste, mais Lénine s'est empressé d'en écarter les membres, qualifiant ce mouvement de « maladie infantile[3] ». Staline partageait l'analyse de Lénine : pour lui, « la combinaison de la lame de fond révolutionnaire russe et de l'efficacité américaine constitu[ait] l'essence du léninisme ». Toutefois, le taylorisme n'a jamais été pleinement mis en œuvre dans les usines soviétiques, et, en 1935, le stakhanovisme, une variété locale d'organisation du travail, a vu le jour. Les autorités soviétiques ont fait état d'augmentations étonnantes de la productivité qu'elles attribuaient à ce mouvement, mais il a été découvert par la suite que ces rapports étaient très largement fictifs ; le stakhanovisme a entraîné une hausse de la productivité, mais dans une bien moindre mesure que le taylorisme. Qui plus est, il n'était en rien moins « aliénant » que ce dernier.

La théorie tayloriste de l'organisation scientifique du travail, comme sa variante russe, était conçue pour les ouvriers d'usine. Au cours du XXe siècle, à mesure que la société industrielle a laissé place à une société postindustrielle, ce type de travailleur s'est raréfié. L'économie postindustrielle offre moins d'emplois ouvriers et plus d'emplois de bureau. Dans les années 1950, les cols blancs étaient déjà plus nombreux que les cols bleus aux États-Unis et ils représentent aujourd'hui 80 % des travailleurs américains. L'ouvrier ne va pas disparaître, de même que l'agriculteur n'a pas disparu lorsque nous avons quitté la société agricole, mais il va devenir une figure de plus en plus marginale dans le monde du travail.

« Col blanc » est un terme large. Si l'on restreint son champ et que l'on s'intéresse aux personnes dont la tâche consiste essentiellement à traiter de l'information, c'est-à-dire aux travailleurs du savoir, ceux-ci constituent désormais plus de la moitié de la main-d'œuvre américaine. Si tant est qu'il existe un « travailleur typique » dans nos sociétés, cet individu passe le plus clair de son temps à traiter de l'information. Le problème avec cette catégorisation, c'est qu'elle semble impliquer que la connaissance n'est pas essentielle pour les autres types d'emplois, ce qui est évidemment faux. Une telle définition paraît fondée sur une conception extrêmement étroite et intellectualiste du savoir. Comme Aristote le soulignait en son temps, il existe différents types de savoirs, certains plus théoriques, d'autres plus pratiques, mais ce sont tous des savoirs à part entière. On a tendance à se faire une fausse idée de la quantité de connaissances nécessaire pour accomplir correctement un travail manuel. La différence entre travail intellectuel et travail manuel est une question de degré et non une distinction absolue ; toutes les professions contiennent un peu des deux.

À mesure que le monde professionnel évoluait, l'organisation du travail a changé. Aujourd'hui, on attache de plus en plus d'importance aux compétences non techniques, ce que l'on appelle en anglais les *soft skills*, qui indiquent quelle sorte de *personne* vous êtes – si vous êtes sociable, coopératif... –, par opposition aux compétences techniques, les *hard skills*. Le développement du travail en équipe explique notamment que les compétences non techniques aient pris une telle importance. En général, les équipes sont éphémères, car elles se constituent autour d'un projet bien précis ; lorsque celui-ci est terminé, elles se séparent, et leurs membres partent rejoindre de nouvelles équipes et de nouveaux projets. Pour travailler de façon optimale, on doit être capable de changer constamment de collègues au fur et à mesure que l'on passe d'une équipe à une autre. On apporte avec soi des compétences censées être immédiatement applicables. Le modèle de base, ici, ressemble donc davantage à de la monogamie successive qu'à un mariage.

L'émergence du « travailleur du savoir » a donné naissance à une discipline, la « gestion du savoir » *(knowledge management)*, l'idée principale étant que les employés doivent transférer leur savoir à la base de données de l'entreprise pour que celle-ci puisse à son tour le transmettre à d'autres. Il s'agit d'une variante moderne de la théorie tayloriste de l'organisation scientifique du travail, sauf qu'au lieu de s'appliquer uniquement au travailleur manuel elle concerne désormais le travailleur du savoir. Taylor expliquait comment les directeurs d'usine se chargeraient du « fardeau de rassembler tout le savoir traditionnel qui appartenait autrefois aux ouvriers et d'en faire une classification, une tabulation pour le réduire à des règles, des lois et des formules[4] ». La gestion du savoir revient à appliquer ce principe à un domaine nouveau, ce qui est parfaitement en accord avec la pensée de Taylor. Celui-ci estimait que son organisation scientifique devait être appliquée à toutes sortes de domaines professionnels, y compris à la gestion gouvernementale et universitaire. L'idée qui sous-tend cette théorie est que le savoir peut être stocké et transmis à ceux qui en sont dépourvus, et qu'il s'agit d'un bien qui a de la valeur.

Si l'on veut s'assurer que les employés font bien ce qu'ils sont censés faire, il apparaît qu'ils doivent être encadrés. Dans *Les Temps modernes,* de Chaplin, le directeur fait installer des caméras de surveillance partout dans l'usine et peut ainsi observer chacun des ouvriers à leur insu. Il surveille même les salles de bains. On pense tout de suite ici au panoptique de Jeremy Bentham, cette prison construite de telle sorte qu'un gardien pouvait voir l'ensemble des prisonniers sans que ceux-ci sachent s'ils étaient observés ou non. Ainsi, ils n'avaient qu'à bien se tenir. Bentham lui-même décrivait ce système comme un nouveau mode qui « donne à l'esprit du pouvoir sur l'esprit[5] ».

La possibilité de contrôler le personnel constitue depuis toujours un élément essentiel des théories du management, ce qui montre bien qu'employeur et employé ne partagent pas les mêmes intérêts. Si tel était le cas, ce contrôle serait beaucoup moins nécessaire. Pour nombre d'emplois qui se trouvent tout en bas de l'échelle, en particulier ceux que l'on appelle les « McJobs », les principes tayloristes sont toujours en vigueur. Qu'en est-il de ceux qui se situent plus haut dans la hiérarchie de l'entreprise ? Ils sont aujourd'hui plus étroitement surveillés que jamais. Les « systèmes d'entreprise » représentent l'incarnation la plus récente du taylorisme : ce que Taylor avait fait pour les ouvriers est appliqué aux cols blancs, on essaie de standardiser chacune de leurs opérations et d'en accroître l'efficacité. Les employés sont censés suivre des procédures bien précises, et c'est généralement la direction qui fixe le rythme. Il s'agit d'une version postindustrielle des chaînes de production fordistes. On ne le voit nulle part aussi bien que dans les *call centers*, où les employés doivent lire des textes standardisés et ne pas dépasser un temps bien précis pour chaque appel. Grâce aux technologies informatiques, la direction peut surveiller ce que ses employés font de leur journée et quel est leur rendement. Un fil conducteur assez évident relie les idéaux de Ford et de Taylor aux systèmes d'entreprise actuels.

Beaucoup de cadres passent leur temps à rechercher de nouvelles « philosophies ». Parfois, il s'agit essentiellement d'un changement de vocable – par exemple, quand on parle de « leadership » plutôt que de « management » –, mais il arrive que l'on introduise une réforme censée transformer l'organisation dans son ensemble. Mon impression générale, à la lecture d'une grande partie des ouvrages de gestion actuels, est que l'on a affaire à une nouvelle version des slogans de la contre-culture des années 1960 et 1970 : liberté, individualité et imagination ; tous les vieux clichés hippies, mais avec un emballage *corporate*. Nous sommes supposés être non conformistes, originaux, indépendants, créatifs et enjoués, tout en ayant l'esprit d'équipe ; forts, mais en contact avec nos émotions et capables de développer nos compétences non techniques. Ce sont des qualités qui peuvent être assez difficiles à combiner. Dans *The Office*, la série télévisée britannique, David Brent, le directeur, semble toucher du doigt la vérité lorsqu'il déclare : « L'esprit d'équipe. Moi, j'appelle ça l'individualité d'équipe. C'est nouveau... C'est comme un style de management. Là encore, coupable, non orthodoxe – faites-moi un procès si vous voulez. »

Le patron d'aujourd'hui est censé convaincre l'employé que son travail lui offre une occasion fabuleuse de réaliser tout son potentiel, de devenir son « véritable moi ». Le vrai chef d'équipe se doit de mettre l'humain au centre. La réalisation de soi au travail consiste à s'améliorer d'une façon qui va bien au-delà de ses qualités professionnelles : c'est de toute l'identité d'un individu qu'il est question. L'employé, en tant que personne, est sous-développé ; il doit donc surmonter ce handicap grâce son métier. Il est constamment dans un processus d'apprentissage, comme d'ailleurs toute l'organisation, et cet aspect du travail dépasse de loin le simple fait de recevoir un salaire. Ce dont il s'agit ici, c'est de devenir la personne qu'on est en puissance. Contrairement au modèle de gestion tayloriste, le chef d'équipe n'aura pas à *forcer* quiconque à faire quoi que ce soit, mais plutôt à motiver ses troupes et à encourager ses collègues à évoluer d'une façon qui soit également souhaitable pour l'organisation. De nos jours, les entreprises doivent utiliser les aspirations de leurs employés, leur propre désir de développement personnel, et non travailler contre eux ou partir du principe que leurs désirs sont fondamentalement incompatibles avec les intérêts de l'entreprise. Les motivations et les objectifs de l'employé et de l'organisation sont supposés être en parfaite harmonie. Le nouveau management pénètre l'âme de chacun des employés. Au lieu de leur imposer une discipline de l'extérieur, il les motive de l'intérieur.

Dans le paradigme fordiste, l'employé n'avait pas d'âme ; pour beaucoup de théories du management actuelles, au contraire, il est tout âme. Aujourd'hui, on est censé intérioriser la culture d'entreprise, incarner ses valeurs et son « esprit ». Par rapport au modèle fordiste, qui faisait plus ou moins de l'ouvrier un automate, la théorie du management contemporaine, qui considère désormais le travailleur comme un être doué de pensées et de sentiments, constitue donc un progrès, même si parfois les stratégies de gestion actuelles semblent davantage relever d'un culte que d'une entreprise « normale ». *Corporate Religion*, le livre de Jesper Kunde, est à cet égard l'un des ouvrages les plus effrayants que j'aie jamais lus. Il serait presque plus enviable de se retrouver tout à coup dans l'une des histoires d'horreur de Lovecraft, le maître de la littérature fantastique, que de travailler dans une entreprise gouvernée par les principes de Kunde ! L'idée principale est que vous devez *croire* en votre marque. Mais il ne s'agit pas uniquement de penser que vous travaillez avec un bon produit : la conviction en question équivaut à une foi totale dans l'« âme de l'entreprise ». Management, ressources humaines, culture d'entreprise et stratégie de marque : tous ces domaines sont censés se fondre dans une sainte unité. Les clients sont des « croyants » ordinaires, les employés des « missionnaires », et le PDG se pose en « guide spirituel ». Quant à Kunde lui-même, c'est probablement le Messie.

Si l'on jette un coup d'œil aux étagères consacrées au « leadership » dans les librairies, on y trouvera toute une série de trésors, parmi lesquels *Moïse et le management : 50 leçons de leadership par le plus grand manager de tous les temps*[6], de David Baron et Lynette Padwa ; *Moïse PDG : leçons de leadership*[7], de Robert Dilenschneider ; *Jésus PDG : comment utiliser la sagesse ancienne pour un leadership visionnaire*[8], de Laurie Beth Jones ; ou encore *Confucius dans la salle du conseil d'administration : sagesse ancienne, leçons modernes pour les affaires*[9], de Stefan Rudnicki. Si l'on juge ces ouvrages un peu trop « spirituels », on pourra opter pour une approche plus littéraire, avec par exemple *Shakespeare aux commandes : le guide du barde pour diriger et réussir sur la scène des affaires*[10], de Norman Augustine et Kenneth Adelman, ou *Jeux de pouvoir : les leçons de leadership et de management de Shakespeare*[11], de John Whitney et Tina Packer. Si Shakespeare est trop intellectuel, on pourra toujours se rabattre sur *Boucle d'or et le management*[12], de Gloria Gilbert Mayer et Thomas Mayer. D'autres ouvrages prennent des « durs » comme modèles, par exemple *Le Leadership façon Soprano*[13], de Deborrah Himsel, ou encore *Tony Soprano et le management*[14], d'Anthony Schneider. Parmi tous les titres que j'ai consultés, les plus étranges étaient sans doute *Attila le Hun : secrets de leadership*[15], de Wess Roberts, et la suite, *Les Secrets de victoire d'Attila le Hun*[16]. Pour ce qui me concerne, je ne voudrais surtout pas d'un patron qui prenne des conseils de leadership chez Attila ! Ce genre de manager ne ferait que confirmer le fameux « principe de Peter », à savoir que, « dans une hiérarchie, chaque employé a tendance à être promu jusqu'à son niveau d'incompétence ».

De temps à autre, je donne des conférences surpayées devant un public d'hommes d'affaires. Pour me préparer, je lis quelques-uns des livres les plus populaires du moment sur le management – non pas que je parle beaucoup de ce sujet moi-même, mais c'est histoire de savoir quel genre d'idées circulent parmi mon auditoire. Le contenu de ces ouvrages est souvent plutôt décevant. Il s'agit en général de quelques titres accrocheurs et d'une

multitude d'exemples, ou « cas », censés illustrer les généralisations exposées dans les titres. Ces affirmations se présentent souvent comme une « philosophie », alors qu'on est très loin de l'idée que les philosophes se font de celle-ci. Le fait qu'il existe de mauvais livres n'est pas vraiment un problème en soi, mais ces ouvrages ont un impact réel sur la vie des gens, beaucoup plus que la « vraie » philosophie. Pour prendre un exemple, lorsque, dans les années 1990, les compressions de personnel (ou *downsizing*) sont devenues le mantra du jour – le fait de réduire une entreprise à l'essentiel était censé maximiser les profits des actionnaires –, beaucoup d'employés ont perdu leur travail. Il s'est ensuite avéré que cette approche avait été trop brutale, et ces licenciements ont été suivis d'un réajustement (ou *rightsizing*), c'est-à-dire qu'une grande partie des postes qui avaient été supprimés ont été recréés.
Qui plus est, ces ouvrages sur le management ont tendance à faire des prédictions erronées. Dans le genre, *Le Prix de l'excellence*, de Tom Peters, paru en 1982, est l'un de ceux qui ont eu le plus de succès. Or, cinq ans après sa publication, il est apparu que les entreprises que Peters avait jugées « excellentes » s'en étaient beaucoup plus mal sorties que celles dont il jugeait qu'elles manquaient cruellement d'« excellence ». Mettre en œuvre les huit règles d'excellence de Peters était le plus sûr moyen d'être perdant sur le marché. Il semble donc totalement inutile, voire contre-productif, de suivre les conseils

prodigués dans ce type d'ouvrages, et pourtant cela n'affecte en rien leur popularité.

Peter Drucker, l'un des plus grands gourous du management au XXe siècle, faisait remarquer à juste titre qu'« une grande partie de ce que l'on appelle le "management" consiste à compliquer le travail des gens ». Être encadré par un manager peut être terriblement chronophage et frustrant.

Si David Brent, dans la série *The Office*, est sans doute l'un des pires patrons qui soient, c'est notamment parce que, mis à part son narcissisme, son intolérance, son incompétence relationnelle et son horrible sens de l'humour, il a lu ou parcouru un certain nombre de livres de management qui ont à l'évidence achevé d'altérer ses facultés de jugement déjà lamentables. L'épisode dans lequel il essaie d'être un « orateur motivationnel » et où il commence par passer *Simply the Best*, la chanson de Tina Turner, sur son lecteur CD, est l'un des moments les plus hilarants – et les plus douloureux – de toute l'histoire de la télévision.

Je ne suis pas en train de dire que toutes les théories du management sont mauvaises, mais on ne peut s'empêcher de ressentir un certain malaise à la lecture d'une grande partie des textes les plus stupides qui se présentent comme une philosophie du management. En ce moment, *fun* est apparemment le mot qui a le vent en poupe. Alors qu'on aurait pu penser que ce genre de littérature ne pourrait pas tomber plus bas, on a vu apparaître sur le marché toute une série d'ouvrages qui expliquent comment et pourquoi s'amuser au travail. On citera parmi eux *301 façons de s'amuser au travail*, de Dave Hemsath et Leslie Yerkes, et *Work is fun, ou 50 manières de s'amuser en travaillant*, de Matt Weinstein. Et si ce qui se présentait comme du conseil en management nous semblait avoir atteint le comble du ridicule, on sera sidéré par l'apparition des *funsultants* et des *funcilitators*, ces consultants en amusement. Bien entendu, le travail peut être amusant, et il l'est souvent d'ailleurs, mais en général, cet aspect-là apparaît spontanément. L'amusement obligatoire ou forcé, ce n'est plus de l'amusement. Il y a quelques années, j'ai participé à un projet qui devait déboucher sur la création d'un site Internet dédié à la futurologie, c'est-à-dire aux études sur le futur. Beaucoup de personnes compétentes étaient impliquées et nous étions prêts à travailler gratuitement, parce que le projet nous semblait très distrayant. Malheureusement, le directeur du programme a pris un peu trop à la lettre l'idée de s'amuser et nous avons passé tout notre temps à « jouer » et à faire preuve de « créativité » sans avoir la moindre idée de ce que toute cette créativité était censée produire. Au bout d'une année pendant laquelle nous avons beaucoup « joué » sans rien faire de concret, j'en ai eu assez et je suis parti. Pour reprendre la citation de *Shining*, trop de loisirs et pas de travail ont fait de Lars un homme las. On devrait forcer les patrons qui seraient tentés d'imposer un nouveau régime d'amusement au travail à regarder tous les épisodes de *The Office*, et, espérons-le, ils finiraient par comprendre pourquoi c'est une idée épouvantable. Que l'on pense à cette phrase de David Brent : « Vous n'aurez plus jamais de patron comme moi. Quelqu'un qui, en gros, est un amuseur décontracté. » Avoir un chef qui essaie constamment de nous amuser est une véritable torture mentale. Plutôt que de devenir une incarnation de David Brent, il vaut bien mieux traiter les employés comme des adultes et non comme des enfants qui ont besoin de distractions.

Le fait de devoir être encadré par un supérieur fait partie des aspects potentiellement les plus frustrants de la vie professionnelle. Si je devais me hasarder à une prédiction, je dirais que l'accent mis sur le management – ou sur certains de ses équivalents, comme le « leadership » – va continuer à hanter les lieux de travail contemporains, voire se développer encore davantage. L'employé moyen ne peut pas faire grand-chose, si ce n'est donner l'impression d'écouter, glaner éventuellement quelques mots sensés ici et là et attendre que cette mode du management soit remplacée par une autre.

Dis-moi combien tu gagnes, je te dirai ce que tu vaux

Combien souhaiteriez-vous être payé ? On aurait évidemment tendance à répondre : le plus possible. Nous préférerions quasiment tous un salaire élevé, car nous partons du principe qu'en un sens cela nous rendrait plus heureux. Or les recherches sur le bonheur – ou plutôt sur le « bien-être subjectif », pour reprendre le vocabulaire généralement utilisé dans ces études – montrent que cette relation de cause à effet entre salaire et degré de satisfaction est loin d'être évidente[1]. Il existe apparemment un lien assez clair entre ces facteurs dans les pays pauvres, mais au fur et à mesure que les sociétés s'enrichissent, il devient plus lâche. Dans les sociétés les plus riches, il n'existe quasiment aucune causalité entre les deux, mis à part pour les couches les plus pauvres. Certaines études observent une légère augmentation du bonheur lorsque le salaire est plus élevé, mais ce facteur n'a quasiment aucun impact comparé à d'autres, tels que la santé et les relations personnelles. Dans les pays riches, cela est valable à la fois pour les riches et pour ceux qui ont un revenu moyen. Il s'agit très clairement d'un exemple de rendement décroissant : plus vous gagnez d'argent, moins ce revenu additionnel fera de différence.

Les habitudes jouent aussi un rôle important dans ce domaine. Lorsque j'étais étudiant, je me débrouillais avec 8 000 à 9 000 euros par an. C'était suffisant pour le loyer, les vêtements, les livres, l'alimentation, l'alcool et les cigarettes. Quand j'ai obtenu une bourse et que je suis devenu chercheur, j'ai perçu tout à coup près de 30 000 euros par an, et les premiers mois, j'avais littéralement l'impression de nager dans l'argent ; ça n'a pas duré longtemps, car je me suis très rapidement habitué à ce niveau de revenu. Aujourd'hui, je n'arrive tout simplement pas à comprendre comment je faisais pour m'en sortir. De même, si je devais subitement gagner de deux à trois fois plus qu'aujourd'hui, je suis sûr que mon niveau de revenu actuel me semblerait très vite ridiculement insuffisant. On s'habitue rapidement à un salaire plus élevé et on oublie l'amélioration qui en a résulté. Suis-je plus heureux aujourd'hui que lorsque j'avais de 8 000 à 9 000 euros ? J'en doute. Serais-je beaucoup plus heureux si je gagnais deux ou trois fois plus ? J'en doute également.

La plupart des gens pensent que leur bonheur augmenterait beaucoup s'ils gagnaient 25 % de plus. Mais si l'on compare une personne disposant d'un revenu médian dans un pays riche avec quelqu'un qui gagne 25 % de plus, le plus souvent ce dernier ne sera pas plus heureux. Donc, si on aspire au bonheur, on ne devrait probablement pas accorder trop d'attention au niveau de salaire, et en aucun cas cela ne devrait être prioritaire par rapport au fait de maintenir de bonnes relations avec sa famille et ses amis.

Quelle importance attribuez-vous à votre salaire ? Quel est le facteur qui compte le plus ? La somme d'argent nette que vous recevez ou combien vous gagnez par rapport aux autres ? Imaginez que vous puissiez choisir entre deux mondes hypothétiques :

1. Vous gagnez 40 000 euros par an et les autres en gagnent 50 000 ;
2. Vous gagnez 30 000 euros par an et les autres en gagnent 25 000.

On suppose en outre que toutes choses sont égales par ailleurs, de sorte que vous auriez 10 000 euros de plus pour acheter des biens dans le monde 1 en plus des biens que vous auriez pu acquérir avec vos 30 000 euros dans le monde 2. Quel monde choisiriez-vous ? Si l'on suit la théorie économique de base, la réponse évidente est le monde 1, car c'est lui qui vous offre le pouvoir d'achat le plus élevé. Pourtant, beaucoup de personnes répondent qu'elles préféreraient vivre dans le monde 2, ce qui montre que nombre d'entre elles seraient prêtes à abandonner une partie importante de leur revenu absolu afin d'améliorer leur revenu relatif.

Nous accordons donc une importance évidente à ce que nous gagnons *par rapport* aux autres. Cela dit quelque chose de notre position sociale, de notre *valeur* dans la hiérarchie sociale. De façon générale, ceux qui reçoivent de l'argent en échange de leur temps sont tenus en plus haute estime que ceux qui ont du temps libre, comme les retraités ou les femmes au foyer. À quelques exceptions près, bien sûr : le plus souvent, les trafiquants de drogue et les prostituées ne sont pas mieux considérés que les retraités. Il ne semble pas non plus exister de corrélation évidente entre l'estime et la compensation monétaire dans le cas des dignitaires religieux, si ce n'est parfois dans le sens inverse, à savoir que la « religion-business » peut être quelque chose d'assez déplaisant. Hormis ces exceptions, il semble que l'on fasse un lien entre le salaire qu'une personne perçoit pour son temps et la valeur qu'on lui attribue. Bien entendu, on peut – et on devrait – penser que ce lien est totalement absurde, mais il n'en reste pas moins qu'il s'agit de l'une des caractéristiques des hiérarchies sociales à l'œuvre dans notre culture. Apparemment, on suppose que si votre temps a plus de valeur (économique) que celui des autres, c'est que vous-même devez avoir plus de valeur en tant que personne.

Le salaire constitue un aspect central de notre idée du travail. Ce qui nous permet souvent de faire la différence entre un travail et un hobby, c'est que l'un est payé et l'autre non, même si tous les deux requièrent le même effort physique et mental. Ceux qui font quelque chose gratuitement, pour des raisons purement idéalistes, sont généralement *moins* satisfaits s'ils commencent à recevoir un salaire. On s'attendrait plutôt au contraire : après tout, si vous continuez à faire quelque chose qui vous plaît et qu'en plus vous êtes rémunéré, *a priori* vous faites une bonne affaire. Le problème, c'est que cela change le rapport que vous entretenez avec l'activité en question. Une activité qui avait du sens en soi devient tout à coup un boulot mal payé. En ce sens, on devrait probablement prendre garde à ne pas mettre son centre d'intérêt principal dans son métier et à choisir plutôt quelque chose de légèrement moins intéressant, afin d'éviter que ce centre d'intérêt ne soit « corrompu » par l'argent. Je parle d'expérience : lorsque j'ai fait de la philosophie ma profession, mon niveau de satisfaction personnelle a considérablement baissé. Heureusement pour moi, j'ai trouvé d'autres hobbies.

Même si, à nos yeux, le salaire est un élément central de la notion de travail, on peut difficilement affirmer qu'il s'agit d'un critère essentiel, tout simplement parce que le travail non payé existe bel et bien. Ce serait étrange de dire que les esclaves ne travaillent pas. Dans l'histoire de l'humanité, l'esclavage est la règle plutôt que l'exception. On estime que les quatre cinquièmes des sociétés agricoles avancées étaient fondées sur ce système, sous une forme ou une autre. Une grande partie de la population africaine, un tiers au moins, était esclave avant même que l'atroce commerce européen et américain ne commence, et les économies de la Grèce et de la Rome antique reposaient elles aussi sur l'esclavage. Dans l'Antiquité, cette institution était généralement acceptée, même si certains philosophes, les sophistes par exemple, s'y opposaient. Alcidamas, un élève de Gorgias, aurait notamment déclaré : « Dieu nous a tous créés libres ; la nature n'a fait personne esclave. » Cette opinion était toutefois minoritaire ; les philosophes, dans leur ensemble, acceptaient et défendaient l'esclavage. Il est vrai que les esclaves étaient généralement traités de façon relativement humaine par les Grecs et les Romains, du moins en comparaison des horreurs qu'ont eu à subir les Africains asservis plus tard par les Européens et les Américains, mais il n'en reste pas moins qu'ils étaient la propriété d'autrui. Au Moyen Âge, c'est l'institution du servage qui a pris le relais. La distinction entre esclave et serf n'est pas très claire, le mot latin *servus* signifiant littéralement « esclave ». Le serf jouissait d'un tout petit peu plus de liberté que l'esclave. Ce n'était pas une marchandise que l'on pouvait acheter et vendre aussi facilement, et il était plus libre de décider comment et quand il travaillerait, du moment qu'il fournissait ce qu'il devait à son seigneur. Avec le temps, le servage a lui aussi disparu, même s'il a fallu un certain temps pour qu'il soit définitivement aboli par la loi. La raison principale de sa disparition était probablement plus économique qu'humanitaire : le travail salarié semblait plus efficace, tout simplement. Comme l'écrivait Adam Smith : « L'expérience de tous les temps et de tous les pays s'accorde, je crois, pour démontrer que l'ouvrage fait par des mains libres revient définitivement à meilleur compte que celui qui est fait par des esclaves[2]. » Smith s'opposait également à l'esclavage pour des raisons morales et a protesté avec véhémence contre la cruauté que représentait l'acte de réduire les hommes « au plus vil de tous les états, celui de l'esclavage domestique, pour les vendre, hommes, femmes et enfants, comme autant de têtes de bétail, au plus offrant sur le marché[3] ». Toutefois, l'argument économique semble avoir eu plus de poids que l'aspect moral.

Le fait que le travail soit un phénomène beaucoup plus ancien que l'argent explique aussi pourquoi la relation entre travail et salaire est contingente. Ce que nous pouvons immédiatement identifier comme étant du travail existait déjà des milliers d'années avant l'invention de l'argent. L'agriculture, par exemple. Certes, il n'est pas facile de dater avec précision à quel moment elle est apparue, mais l'agriculture *systématique* remonte au moins à dix mille ans avant notre ère, dans les régions qui correspondent aujourd'hui au sud de l'Irak et à la Syrie, où des fermiers ont commencé à faire pousser des plantes. (Certains affirment que les Péruviens les avaient précédés, cultivant déjà des céréales et des courges avant 10000 av. J.-C., mais la question reste controversée.) Les pratiques agricoles se sont ensuite répandues, d'abord en Égypte, puis en Inde et en Chine. En 5000, à Sumer notamment, l'agriculture était devenue très sophistiquée et les paysans se spécialisaient selon divers champs de compétence : une certaine division du travail était en train d'émerger.

Tout cela doit être considéré comme du travail, même si l'argent n'existait pas encore. L'invention de l'argent a été un événement déterminant, et certains vont jusqu'à penser que la monétisation de la société grecque était une condition nécessaire à l'invention de la philosophie, car elle a radicalement changé les relations sociales et rendu possible l'idée d'un univers impersonnel[4].

Gertrude Stein exagérait un peu lorsqu'elle affirmait que « ce qui différencie l'homme de l'animal, c'est l'argent », mais elle n'avait pas entièrement tort. L'argent a permis la création d'un vaste lien social qui est allé bien au-delà de ce qui avait été possible jusqu'alors. Une étape importante a été franchie lorsqu'il a commencé à être utilisé pour payer non plus seulement des objets, mais aussi le travail. C'est ce qui a fait de ce dernier une marchandise, et même plus : c'était le premier pas vers l'évaluation moderne du temps en termes d'argent. Ce principe a été porté à son point extrême par Ian Walker, un professeur d'économie britannique, qui a même développé une formule pour calculer la valeur monétaire du temps : $V = (W [(100 - t) / 100)] / C$; V représentant la valeur de une heure, W le salaire horaire d'une personne, *t* le taux d'imposition et C le coût de la vie locale. À l'aide de cette formule, Walker a établi qu'en 2002 une minute britannique moyenne valait un peu plus de 16 centimes d'euro pour les hommes et 13 centimes pour les femmes. Il en coûterait donc 50 centimes de se brosser les dents, un peu moins de 5 euros de laver sa voiture à la main, et vous économiseriez sans doute de l'argent si vous commandiez un plat plutôt que de le cuisiner vous-même.

Aujourd'hui, nous sommes tellement habitués au travail salarié qu'il nous semble étrange que tant de personnes aient pu le refuser pendant si longtemps. Il est si profondément ancré dans nos sociétés que rares sont ceux qui s'y opposent. Mais pendant la révolution industrielle, la résistance des ouvriers au salariat était virulente. Cette opposition a des racines historiques : dans le passé, les artisans étaient organisés en guildes, et ces associations étaient très puissantes. Lorsque les usines sont apparues et que les ouvriers ont commencé à recevoir un salaire, le pouvoir des guildes en a souffert. Seuls les marchands les plus riches pouvaient se permettre de faire construire des usines, et une grande partie des artisans qui avaient appartenu à ces guildes n'ont pas pu résister à la concurrence. Ils ont donc choisi de devenir salariés, mais à contrecœur. Ils détestaient le travail à l'usine et on peut les comprendre, car ce n'était pas franchement une partie de plaisir. Beaucoup de patrons n'hésitaient pas à recourir aux châtiments corporels, notamment sur les enfants, tandis que d'autres infligeaient des amendes. On pouvait être puni pour fainéantise, pour avoir regardé par la fenêtre, bavardé avec des collègues, entre autres choses. On n'avait guère le loisir de se laisser aller et la surveillance était étroite. Les ouvriers n'étaient pas seulement allergiques à ce traitement particulièrement sévère, mais aussi au fait d'être soumis à la volonté d'autrui. L'idée de devoir rendre des comptes à quelqu'un qui leur versait un salaire leur était odieuse ; beaucoup comparaient cela à de l'esclavage – de l'esclavage salarié – ou à de la prostitution.

Ils avaient le sentiment que leur salaire ne correspondait pas à ce qu'ils produisaient et qu'on leur volait de l'argent qui aurait dû leur revenir. Les conflits entre employeurs et employés étaient souvent vifs, parfois violents. Au fil du temps, ils sont devenus plus « civilisés », et plutôt que de viser une « libération totale », les travailleurs ont négocié des salaires plus élevés, des journées plus courtes et de meilleures conditions de travail. Ce qui leur importait, ce n'était plus tant le fait de savoir s'ils recevaient tout l'argent auquel ils avaient « droit » et si on ne leur « volait » pas un surplus, mais si leur salaire était suffisant pour faire vivre une famille. Ils ont fini par accepter le salariat et la division du travail qui en résultait. Contrairement à ce qu'espérait le marxisme révolutionnaire, ils ont cessé de remettre en question le paradigme capitaliste, se contentant de l'ambition plus modeste d'améliorer leur condition à l'intérieur de ce système. Cela signifiait aussi qu'ils investissaient leur espoir de liberté et d'accomplissement personnel dans leur rôle de consommateurs. Leur objectif principal était désormais de voir augmenter les salaires pour pouvoir consommer davantage.

En 1771, l'écrivain britannique Arthur Young écrivait : « À part les idiots, tout le monde sait que les classes inférieures doivent être maintenues dans la pauvreté, sans quoi elles ne seront jamais industrieuses[5]. » Lorsque l'on cite cette phrase, on ajoute rarement l'explication qui suit : « Je ne veux pas dire que les pauvres en Angleterre doivent rester au même niveau que les pauvres en France, mais, en fonction de la situation du pays, ils doivent vivre (comme toute l'humanité) dans la pauvreté, autrement ils ne travailleront pas. » Il se trompait tout autant. C'est Adam Smith qui, le premier, s'est affranchi de ce présupposé en formulant une théorie de la croissance fondée sur des salaires réels progressifs, car la croissance économique pouvait s'accommoder de salaires plus élevés. Selon lui, les salaires devaient au minimum être suffisants pour nourrir une famille et procurer une vie décente. De fait, il a probablement été le premier à poser le problème en termes de justice sociale : « La seule équité, d'ailleurs, exige que ceux qui nourrissent, habillent et logent tout le corps de la nation aient, dans le produit de leur propre travail, une part suffisante pour être eux-mêmes passablement nourris, vêtus et logés[6]. » La théorie économique de Smith était motivée par son souci des pauvres, et sa défense morale du capitalisme se fondait sur l'idée que c'était le système économique qui, à long terme, améliorerait le plus les conditions de travail des ouvriers. Marx partageait les préoccupations de Smith, mais, contrairement à lui, il pensait que le capitalisme entraînerait nécessairement une baisse des salaires réels. Smith avait raison, et Marx tort. Contrairement aux prédictions de ce dernier, les salaires réels n'ont pas diminué dans la société industrielle. En fait, ils ont même augmenté beaucoup plus rapidement que l'inflation, et ce, bien avant l'introduction d'un salaire minimum par les gouvernements.

Combien donc devrait-on être payé ? Pour les tenants de l'économie de marché, la réponse est simple : ce que le marché est prêt à payer. Les socialistes, eux, ont avancé deux réponses différentes : certains préconisent que les travailleurs soient payés en fonction de leur contribution à la société, d'autres estiment que l'on devrait être payé selon ses besoins. Marx défendait les deux versions, ou plutôt il affirmait qu'au stade initial de la société communiste on devrait accepter la première, mais que l'objectif était de parvenir à la seconde. Dans un célèbre passage de sa *Critique du programme de Gotha*, il écrit : « De chacun selon ses capacités, à chacun selon ses besoins[7] ! » Cela peut sembler une bonne idée : un sondage effectué en 2007 aux États-Unis a d'ailleurs montré que près de la moitié des Américains pensaient que cette phrase était tirée de leur Constitution !

Le problème de cette approche, c'est qu'il est tout sauf simple de déterminer quels sont les besoins d'un individu. Marx mentionne le nombre de personnes à nourrir. Il ne parle pas des handicapés, mais il n'aurait probablement pas eu de difficultés à accepter l'idée qu'ils pourraient avoir de plus gros besoins que les autres. De surcroît, tout cela ne dépend pas seulement du handicap et de ce genre de choses, mais aussi du milieu social. Quelqu'un qui a grandi dans un environnement aisé aura généralement des exigences plus coûteuses qu'une personne issue d'un milieu défavorisé. La perception des nécessités peut varier considérablement d'une personne à l'autre. Si l'on devait établir les besoins de chaque individu, le système deviendrait compliqué à l'extrême et pourrait en outre paraître assez injuste.

On peut alors opter pour une solution intermédiaire – la plus répandue et probablement la plus raisonnable – où chacun est assuré d'avoir un certain niveau de revenu grâce à un salaire ou à des services sociaux, mais où les inégalités de revenus sont permises et fixées par le marché. Il y aura toujours la question de savoir à quel niveau devrait se situer le minimum, mais je n'ai pas l'intention d'étudier cette question ici. Il s'agit d'un système méritocratique avec un seuil bien déterminé en deçà duquel personne n'est censé tomber. Intuitivement, il semble que la plupart des gens jugent ce système relativement juste, car chacun devrait recevoir un salaire qui soit fonction de sa propre contribution.

Cela nous ramène à un point abordé au début de ce chapitre. Nous accordons apparemment de l'importance au salaire que nous touchons comparé à celui des autres, car cela dit quelque chose de notre « valeur » dans la hiérarchie sociale. Mais on a vu également qu'une hausse de salaire n'était guère susceptible d'augmenter beaucoup notre bonheur, à moins que nous ne nous trouvions tout en bas de l'échelle sociale. Si nous ne sommes pas satisfaits de ce que nous gagnons, il est peu probable que nous soyons beaucoup plus heureux si nos revenus commencent à augmenter. C'est un peu la même chose avec les promotions. Si nous sommes promus, il semble que ce soit une indication de notre valeur, mais une promotion va-t-elle pour autant nous rendre plus heureux ? Si quelqu'un espérait un avancement et qu'il l'obtienne, on peut supposer qu'il sera plus satisfait. Étonnamment, c'est plutôt le contraire qui semble se produire : les travailleurs récemment promus sont souvent *moins* satisfaits, car une promotion entraîne souvent l'attente d'un second avancement. Même si nous avons amélioré notre position absolue, nous aurons tendance à être moins satisfaits de notre position relative.

Dans ce cas, le mieux serait peut-être d'éviter toute promotion. C'est l'approche qu'a choisie un de mes amis. Il travaille comme manutentionnaire, tout en bas de la hiérarchie de l'entreprise, et bien que son chef ait essayé plusieurs fois de le nommer contremaître, il s'est obstinément refusé à monter en grade – il a même menacé de démissionner. Tout ce qu'il veut, c'est un boulot simple avec des responsabilités limitées, ce qui lui permet de se concentrer sur tout ce qu'il aime faire dans la vie : être avec ses amis, écrire des nouvelles et jouer de la musique.

Je ne suis pas certain non plus que son approche soit la bonne, car il a une vision qui instrumentalise le travail : pour lui, celui-ci n'est rien de plus qu'une activité lui permettant de gagner sa vie. Dans cette optique, le métier n'a pas de valeur en soi ; son seul intérêt est de générer un revenu. Mais notre rapport au travail ne saurait être exclusivement utilitariste, car notre profession façonne notre personne, c'est un élément de l'expression de notre identité. Ce à quoi vous occupez plusieurs heures de vos journées pendant des années va nécessairement vous déterminer en tant qu'individu. Étant donné que vous y consacrez une aussi grande partie de votre vie, n'est-ce pas quelque chose qui devrait vous *importer,* d'une façon ou d'une autre ? Manifestement, le travail fait plus que satisfaire des besoins purement pécuniaires. Il joue un rôle beaucoup plus fondamental : il donne du *sens* à notre vie. La plupart des personnes interrogées dans le cadre de plusieurs grandes enquêtes menées dans différents pays déclarent qu'elles continueraient à travailler même si elles avaient assez d'argent pour vivre jusqu'à la fin de leurs jours. D'ailleurs, ceux qui gagnent au Loto continuent souvent à travailler, même s'ils n'ont plus besoin d'argent. Ainsi, il semble que le travail, loin d'être une simple source de revenu, comble un vide existentiel. Samuel Johnson avait donc probablement tort lorsqu'il affirmait que « l'homme est par nature oisif, ou aspire à l'être ». Bien entendu, qui ne se dit pas de temps à autre que ce serait merveilleux d'avoir une sécurité financière jusqu'à la fin de sa vie ? Mais que ferait-on de ses journées ?

De l'abondance malheureuse à la sobriété joyeuse

En 1930, John Maynard Keynes écrivait que personne ne pouvait « envisager un âge de loisirs et d'abondance sans appréhension[1] ». Or, dans une large mesure, nous vivons désormais dans cet âge redouté, si ce n'est que l'ère de l'abondance et l'ère du loisir ne sont pas advenues dans une égale mesure. L'abondance s'est beaucoup plus développée que les loisirs.

La productivité a augmenté de façon significative depuis la Seconde Guerre mondiale. De fait, elle a plus que doublé, ce qui veut dire qu'en principe nous pourrions avoir le même niveau de vie que nos grands-parents il y a cinquante ans en travaillant deux fois moins. Si vous avez un niveau de vie qui vous satisfait et que vous ne cherchez pas à l'améliorer, la hausse de la productivité vous offrira de plus en plus de temps libre. Mais plutôt que d'avoir davantage de loisirs, nous avons choisi d'améliorer notre niveau de vie et nous sommes devenus extrêmement riches par comparaison avec les sociétés qui nous ont précédés. Le lecteur moyen de cet ouvrage est plus riche que plus de 99 % de la population de toute l'histoire de l'humanité. La plupart des rois et reines des temps anciens envieraient notre niveau de richesse matérielle. Bien entendu, on ne s'en rend pas compte dans la vie de tous les jours, tout simplement parce qu'on tient cela pour acquis.

Nous avons choisi de privilégier le shopping par rapport aux loisirs. Nos ancêtres, eux, avaient des priorités différentes. Si l'on regarde la période qui va jusqu'à la Renaissance et au début des Temps modernes, on voit que l'augmentation des salaires poussait les gens à moins travailler. Même au plus fort de l'ère industrielle, les employeurs remarquaient régulièrement que beaucoup d'ouvriers étaient absents les quelques jours qui suivaient la remise de leur paie. « L'argent en plus », c'est-à-dire la somme qui restait une fois qu'on avait mis de côté de quoi couvrir les dépenses essentielles, servait souvent à prendre des congés plutôt qu'à accroître sa richesse matérielle. Nos priorités ont bien changé depuis.

Dans les années 1950, le premier à parler de « société d'abondance » a été John Kenneth Galbraith. Notons qu'il utilisait l'expression en partie de façon ironique, pour décrire une société riche en ressources privées et pauvre en biens publics. Il critiquait cette croissance de la consommation privée, expliquant que l'État devrait plutôt orienter les ressources vers le développement des services sociaux et des écoles. En résumé : compresser de façon significative le secteur privé et développer le secteur public. Cette critique de la consommation s'inscrivait dans le droit fil de la *Théorie de la classe de loisir*, le classique de Thorstein Veblen paru en 1899, à une différence près, et elle est de taille : là où Veblen montre les effets de la prospérité sur une minorité, celle des très riches, Galbraith décrit une société caractérisée par la prospérité de *masse*. Même si le « remède » de Galbraith ne paraît pas très judicieux d'un point de vue économique, il a vu tout à fait juste lorsqu'il a prédit que la prospérité de masse aurait des conséquences déterminantes sur le tissu social.

L'expression ne semble pas avoir conservé sa connotation ironique : la société d'abondance est devenue réalité. Comme le fait remarquer Brink Lindsey dans *L'Âge de l'abondance*[2], son excellente étude de la politique et de la culture américaines dans l'après-guerre, l'évolution qui a le plus marqué cette période a été le passage de la rareté à l'abondance. Dans les pays occidentaux, très peu de gens doivent se battre pour survivre. Du coup, ils se cherchent désespérément une identité, et, dans ce contexte, la consommation est devenue un élément essentiel. À l'ère de l'abondance, les travailleurs ne rêvent plus de renverser la bourgeoisie, ils se contentent d'en faire partie. Ils n'aspirent plus à contrôler les moyens de production, ils se concentrent plutôt sur l'augmentation de leurs moyens de consommation.

Cela signifie également qu'un aspect essentiel de l'éthique de travail protestante a été abandonné, à savoir l'idée d'une gratification dans le futur.
Selon l'éthique protestante, on est censé travailler dur et ne récolter que plus tard le fruit de ce qu'on a semé. Au contraire, comme le fait remarquer Sennett, la perspective à court terme du nouveau capitalisme fait de la gratification dans le futur, en tant que principe d'autodiscipline, une aberration[3]. Les conditions institutionnelles qui donnaient un sens à cette idée ont disparu. Si tout, dans notre vie professionnelle, est fondé sur des perspectives à court terme, il en sera de même pour la gratification que nous attendons. Nous voulons une compensation *immédiate*.
L'idée d'une gratification dans le futur a davantage de sens dans un contexte religieux, si l'on croit à une vie après la mort, que dans un contexte où l'on ne possède rien d'autre que cette existence terrestre. Après tout, on ne vivra peut-être pas assez longtemps pour voir le moment où tout ce labeur est censé rapporter. Je peux très bien me faire renverser par une voiture juste avant de récolter ce que j'ai semé. Ou connaître la même fin que James Fixx, l'auteur du *Le Guide du jogging*[4] et véritable gourou du jogging, mort d'une crise cardiaque à 52 ans après son jogging du matin. Rien ne garantit que l'on accède un jour à cette gratification. Alors, combien de temps au juste devrait-on attendre ?
Dans la chanson des Pet Shop Boys *To Step Aside*, Neil Tennant parle des ouvriers qui font la queue

patiemment, dans l'espoir que les forces du marché leur donneront ce que l'histoire leur a jusqu'alors refusé, à savoir un autre destin que de passer son temps à travailler et à attendre. Neil Tennant a écrit ces lignes en regardant des ouvriers par la fenêtre lors d'un voyage en Hongrie. Il est intéressant de noter que cette idée d'une gratification dans le futur était aussi essentielle aux régimes capitalistes qu'aux régimes communistes. Dans les deux cas, il y avait la promesse d'un état à venir dans lequel les gens qui auraient travaillé dur seraient récompensés. Au fur et à mesure que le capitalisme s'est développé, le délai de gratification est devenu de plus en plus court, tandis qu'il paraissait au contraire s'accroître dans les économies communistes dysfonctionnelles. Les différences étaient déjà patentes en 1959, lorsque Nixon a rendu visite à Khrouchtchev à Moscou à l'occasion de l'Exposition américaine en URSS, en pleine guerre froide. Brink Lindsey raconte cette rencontre historique dans *L'Âge de l'abondance*[5] et cite Nixon déclarant que, « du point de vue de la distribution de la richesse, ce sont les États-Unis, le plus grand pays capitaliste du monde, qui sont arrivés le plus près de l'idéal de la prospérité pour tous dans une société sans classes ». Nixon, ce menteur pathologique, avait en fait raison. Le clou de l'exposition consistait en une maison de six pièces, un genre de ranch. Dans la presse russe, on en parlait comme du Taj Mahal : elle était à peu près aussi représentative de la vie quotidienne aux États-Unis que le Taj Mahal en Inde. Or, en réalité, la maison coûtait seulement 14 000 dollars ; un simple ouvrier métallurgiste américain pouvait se l'offrir en prenant un crédit sur trente ans. Et depuis la prospérité s'est encore accrue.

Marx avait prédit que, dans le système capitaliste, la classe ouvrière s'appauvrirait de plus en plus et que le niveau de vie déclinerait d'autant. Sauf à être aveuglé par des considérations idéologiques, il est évident que c'est exactement le contraire qui s'est produit. La fin du XXe siècle et le début du suivant ont été caractérisés par une croissance économique extrême, en conséquence de quoi presque tous, travailleurs comme capitalistes, se sont considérablement enrichis en très peu de temps. Les capitalistes ont toutefois récupéré une portion beaucoup plus grande de la croissance. Les profits ont augmenté bien plus rapidement que les salaires, ce qui signifie que la part relative de croissance obtenue par les travailleurs a diminué. C'est particulièrement le cas pour les ouvriers dits non qualifiés, qui ont en réalité connu une baisse relative de revenu pendant ces années, en comparaison avec les chefs d'entreprise. Cela dit, même ceux qui s'en sortent plus mal, qui ont eu à subir cette perte de richesse relative, sont quand même plus riches en chiffres absolus qu'ils ne l'étaient il y a encore quelque temps.

Il faut également garder à l'esprit que « les pauvres » ne constituent pas un groupe statique. Dans les pays occidentaux, rares sont ceux qui demeurent dans cette catégorie de façon plus ou moins permanente : il s'agit en général d'un phénomène temporaire. Or cet élément est le plus souvent laissé de côté dans des livres comme *Hard Work*, le récit de vie de Polly Toynbee dans l'Angleterre des bas salaires, ou *Salaires de misère*[6], de Barbara Ehrenreich, qui raconte son odyssée d'un Smic à l'autre aux États-Unis. En règle générale, les auteurs de ce genre d'ouvrages passent quelques semaines, voire quelques jours seulement, avec chaque employeur avant d'expérimenter un nouveau job, tout aussi misérable. Ne voyant pas comment s'en sortir avec l'argent qu'ils gagnent, ils brossent un tableau déchirant des gens qui vivent dans des conditions plus qu'inconfortables et dont ils sous-entendent qu'ils restent coincés dans cette situation. Or les « carrières » que Toynbee et Ehrenreich décrivent sont atypiques. La plupart des personnes qui commencent par des emplois très mal payés grimpent rapidement l'échelle sociale, parfois même en quelques mois seulement. Si elles avaient choisi de prolonger quelque peu leur « excursion » dans le monde des boulots mal payés, les deux auteures auraient vu leurs revenus augmenter très rapidement. Bien sûr, cela aurait gâché l'histoire qu'elles voulaient raconter. Il va sans dire que les salaires minimums sont très bas et que vivre avec si peu d'argent constitue une véritable gageure, mais il faut quand même souligner que moins de 2 % des Américains sont dans ce cas et que la moitié d'entre eux ont moins de 25 ans. Il est très rare de travailler pendant longtemps pour un salaire minimum. Je ne nierai certainement pas le fait qu'il doit être extrêmement difficile de vivre ainsi, mais il s'agit en général d'une situation temporaire.

Loin de moi l'idée que ceux qui se trouvent au bas de l'échelle ne font face à aucune difficulté, même si on devrait brosser un tableau plus nuancé que celui qui nous est souvent présenté. Il y a de quoi s'inquiéter lorsque l'on observe les développements des dernières décennies : la hausse du revenu réel des plus démunis s'est faite très lentement, bien plus que pour la classe moyenne qui, à son tour, a connu une croissance beaucoup plus lente que ceux qui sont tout en haut de l'échelle. Ces disparités ont des conséquences sur la richesse relative des pauvres. L'augmentation des inégalités devrait véritablement nous inquiéter, car elle augmente la probabilité de troubles sociaux.

En 1882, déjà, Herbert Spencer avait identifié ce problème de la richesse relative :

> Même ceux qui ne sont pas directement aiguillonnés par cette lutte intense pour la richesse et les honneurs le sont quand même indirectement. Car cette lutte a notamment pour effet d'augmenter le niveau de vie et d'entraîner à terme une hausse du taux moyen de dépenses pour tous. Ceux qui font fortune aiment à se distinguer par leurs habitudes luxueuses, en partie par plaisir, mais avant tout pour susciter l'admiration des autres. Plus ils sont nombreux, plus la concurrence est vive pour essayer d'obtenir le type d'attention publique réservé à ceux qui se rendent visibles par leurs dépenses ostentatoires. La compétition

> gagne peu à peu les couches sociales inférieures ; jusqu'à ce que, pour être « respectables », ceux qui ont relativement peu de moyens se sentent obligés de dépenser davantage pour le logement, les meubles, les vêtements et la nourriture, et soient contraints de travailler de plus en plus dur pour obtenir des revenus plus élevés[7].

Le problème, c'est que beaucoup de biens sont des biens de positionnement ; on pourrait même suggérer qu'en un sens ils le sont tous. L'utilité d'un bien de positionnement se mesure par rapport à d'autres, du même type. Si vous venez d'acheter un nouveau lecteur DVD et que je vous montre mon lecteur Bluray, la valeur de votre appareil diminue du fait que le mien est plus performant. Il en est de même si j'acquiers un appartement de quatre pièces et que vous me montrez juste après votre nouvel appartement de cinq pièces : la valeur de positionnement de mon bien se trouve amoindrie. Le contexte de l'évaluation change, ce qui explique cette dévaluation. Même si les pauvres ont en fait gagné de façon significative en richesse matérielle, il se peut qu'ils aient connu une perte relative car les autres ont bénéficié d'une augmentation plus importante et acquis des biens dont la valeur de positionnement est plus élevée. Les biens sont socialement codés, et c'est le contexte social qui va déterminer quels sont les objets de première nécessité. Adam Smith l'expliquait déjà très clairement : « Par objets de nécessité, j'entends non seulement les denrées qui sont indispensablement nécessaires au soutien de la vie, mais encore toutes les choses dont les honnêtes gens, même de la dernière classe du peuple, ne sauraient décemment manquer, selon les usages du pays[8]. » Les exigences augmentant pour ce qui est des produits de première nécessité, une personne peut se retrouver encore plus bas dans l'échelle sociale alors qu'en termes absolus sa richesse matérielle s'est accrue.

Même si l'on a observé une élévation remarquable du niveau de vie depuis la fin des années 1950, celle-ci n'est pas incompatible avec l'apparition de tendances préoccupantes ces dernières années. L'un des éléments essentiels de l'ère de l'abondance, c'étaient des prix en baisse et des salaires en hausse, ce qui est conforme à la théorie économique classique : grâce à l'augmentation de la productivité, les biens et services coûtent moins cher, donc on peut en acheter davantage à revenu égal, ce qui stimule l'emploi et permet de générer des salaires plus élevés – ce qui, à son tour, permet aux gens de consommer encore plus, et ainsi de suite. Ce cercle vertueux a fonctionné à merveille. Mais si ce modèle simple était absolument exact, on ne connaîtrait pas le phénomène des travailleurs qui s'endettent un peu plus chaque jour. Comment expliquer cela ? Si les prix diminuent et les salaires augmentent, on devrait en toute logique économiser de l'argent et non s'endetter. La réponse à la question de savoir pourquoi nous croulons de plus en plus sous les dettes n'est pas à chercher dans nos salaires, mais plutôt dans nos dépenses. Les foyers qui économisaient 10 % de leur revenu il y a encore vingt ans n'épargnent plus rien depuis quelques années. Nos revenus ont certes augmenté, mais nos dépenses se sont accrues beaucoup plus vite. Ne pas économiser est une chose, vivre à crédit en est une autre. Le problème, de nos jours, c'est que de nombreux ménages dépensent beaucoup plus qu'ils ne gagnent. La vie à crédit est la version actuelle de l'esclavage auto-infligé. Le plus souvent, on pense immédiatement aux dettes accumulées par les consommateurs américains, qui sont en effet substantielles, mais le Britannique moyen dépense lui aussi plus de 120 % de son revenu annuel depuis dix ans. Jusqu'à présent, tout cela était très positif pour l'économie, et ce phénomène a contribué à la création de nombreux emplois, mais cela ne pouvait pas continuer indéfiniment.

La société d'abondance est une société de consommation, ce qui n'est pas sans conséquences sur notre rapport au travail. Dans une société de consommation, votre statut social ne dépend pas de votre capacité à produire quelque chose, mais plutôt de votre capacité à consommer. On entend dire de plus en plus souvent que c'est la consommation, et non le travail, qui est l'ingrédient essentiel à la formation de l'identité sociale. Il s'agit d'une idée relativement récente. On ne trouve pas grand-chose sur cette question dans les textes d'Adam Smith et de Marx, par exemple. Chez Marx, la théorie de la formation de l'identité est tout autre : c'est le travail productif qui constitue l'identité ; on est ce que l'on produit. Dans la société de consommation, en revanche, on est plutôt ce que l'on consomme. Hegel avait déjà entrevu cette possibilité. Selon lui, un individu s'exprime à travers son travail car il place sa volonté dans des objets extérieurs et, partant, se réalise. Il pensait aussi que l'on pouvait arriver à cela en acquérant des biens. Acheter un objet, c'est aussi une forme d'appropriation du monde extérieur : on fait de ce dernier une extension de sa personnalité[9]. Lorsqu'on achète quelque chose, on déclare : « Ceci, c'est moi. »

On montre qui l'on est, par exemple, en s'adonnant à ce que Thorstein Veblen, dans sa *Théorie de la classe de loisir*, appelle la « consommation ostentatoire ». Le consommateur ostentatoire « gaspille » son argent pour indiquer son statut social. Veblen cite notamment l'utilisation des couverts en argent à table, alors que des couverts en acier seraient beaucoup plus fonctionnels. On pourrait prendre un exemple plus parlant, à savoir l'importance des marques pour les biens de consommation, mais lorsque Veblen a écrit son livre, les marques n'avaient pas encore beaucoup d'impact sur le marché de la consommation. Ce qui a le plus changé depuis l'époque de Veblen, c'est qu'il parlait d'une élite économique – les seuls qui pouvaient vraiment se permettre ce type de consommation – alors qu'aujourd'hui presque tout le monde est concerné, à l'exception des plus pauvres. Dans la société d'abondance, les « bons citoyens » essaient frénétiquement de montrer qui ils sont en consommant. Ceux qui n'ont pas les moyens de participer pleinement à la fête de la consommation seront mis à l'écart d'une grande partie de la culture contemporaine. Si, dans notre société, la consommation est un élément essentiel à la réalisation de soi et si celle-ci est l'activité fondamentale par excellence de l'individu postmoderne, on ne peut qu'en conclure que les pauvres n'arrivent pas à être à la hauteur des normes culturelles actuelles.

Qu'en est-il des autres, de ceux qui peuvent prendre pleinement part à la consommation ? Vont-ils parvenir à s'accomplir par ce biais ? Dans sa *Philosophie de l'argent,* Georg Simmel décrit la consommation comme un terrain privilégié pour la formation de l'identité, car le moi humain se forme par interaction avec les objets. Cette formation requiert une intégration symbolique de l'objet dans la conception de soi du sujet. Simmel explique que cette intégration se révèle beaucoup plus difficile lorsqu'on achète un objet que si on l'a fabriqué soi-même. Il y a une distance symbolique plus grande entre l'objet et le consommateur. Il note également que la quantité énorme d'objets qu'il est possible d'acheter dans le monde moderne aura tendance à submerger le consommateur, ce qui rendra l'intégration encore plus ardue. Très souvent, le consommateur typique n'arrivera pas à intégrer les objets dans son plan de vie, de sorte que ce sont les objets qui auront tendance à le contrôler, plutôt que le contraire.

De fait, la consommation ne constitue pas un outil très solide pour la formation de l'identité, mais il se peut qu'elle ait des qualités qui compensent ses défauts. Je ne nierai pas que faire du shopping puisse être très divertissant en soi, mais plus nous accumulons de biens, moins nous avons de temps pour en profiter, et par conséquent ils finissent par perdre de l'importance. En fait, il peut être trompeur de définir la société de consommation en termes d'« accumulation ». Le sens premier de consommer, c'est détruire, consumer. Les modes de consommation actuels se rapprochent de ce sens, puisqu'il n'est plus tant question de l'accumulation que de la *substitution* de biens, du sempiternel remplacement d'objets par de nouveaux objets.
Adam Smith a écrit étonnamment peu sur la consommation, lui qui affirmait pourtant qu'elle était « l'unique but, l'unique terme de toute production », mais il a vu parfaitement juste sur un point :

> Dans tout homme, l'appétit pour la nourriture est borné par l'étroite capacité de son estomac ; mais on ne saurait mettre de bornes déterminées au désir des commodités et ornements qu'on peut rassembler dans ses bâtiments, sa parure, ses équipages et son mobilier. C'est pourquoi ceux qui ont à leur disposition plus de nourriture qu'ils ne peuvent en consommer personnellement cherchent toujours à en échanger le surplus, ou, ce qui revient au même, le prix de ce surplus, pour se procurer des jouissances d'un autre genre. Quand on a donné aux besoins

> limités ce qu'ils exigent, tout le surplus est consacré à ces besoins du superflu, qui ne peuvent jamais être remplis et qui semblent n'avoir aucun terme[10].

Adam Smith a mis en évidence un élément qui est au centre des théories récentes de la consommation, celles de sociologues comme Jean Baudrillard et Zygmunt Bauman : si celle-ci est motivée par des *besoins*, elle sera limitée, mais lorsqu'elle est mue par des *désirs*, elle est intarissable. La ligne d'arrivée ne se rapproche jamais. Vous ne serez jamais satisfait. Comme le chantait le groupe de pop britannique The The en 1986 : *I'm just another Western guy / With desires that I can't satisfy.* (« Je ne suis qu'un Occidental de plus / Avec des désirs que je n'arrive pas à combler. »)
Étant donné qu'une vie qui ne serait faite que de consommation ne saurait nous satisfaire, il semble que le travail ait encore un rôle important à jouer en tant que vecteur de sens et d'identité. Lorsque l'on affirme que la société de producteurs a été remplacée par une société de consommateurs, c'est en partie vrai, mais en partie seulement. En réalité, je pense que le principal changement n'est pas seulement que la consommation a remplacé le travail comme source d'identité, mais plutôt qu'elle a transformé notre rapport au travail.

Les normes qui gouvernent le domaine de la consommation déterminent nos attentes par rapport au travail, au point de remplacer l'éthique traditionnelle. À mon avis, c'est là qu'il faut chercher la raison principale de la mutation extrêmement rapide et radicale observée ces dernières années dans notre attitude à l'égard de la vie professionnelle. Voici ce qu'écrit Friedrich Nietzsche dans *Le Gai Savoir* :

> Dans les pays de la civilisation, presque tous les hommes se ressemblent maintenant en ceci qu'ils cherchent du travail à cause du salaire ; pour eux, tout le travail est un moyen et non le but lui-même ; c'est pourquoi ils mettent peu de finesse au choix du travail, pourvu qu'il procure un gain abondant. Or il y a des hommes rares qui préfèrent périr plutôt que de travailler sans que le travail leur procure de la *joie* : ils sont minutieux et difficiles à satisfaire, ils ne se contentent pas d'un gain abondant, lorsque le travail n'est pas lui-même le gain de tous les gains[11].

En fait, ce rapport au travail que Nietzsche voit chez quelques rares âmes nobles est en passe de devenir de plus en plus courant. Les personnes qui arrivent aujourd'hui sur le marché du travail ont des attentes différentes de celles des générations précédentes. On veut un emploi qui ait du sens, dans lequel on soit autonome et qui permette de former et de confirmer son identité. Travail et consommation sont juste deux arènes différentes pour ce qui représente, au fond, la même quête de réalisation de soi. Avec le travail, c'est comme si on faisait du shopping : on accepte un nouveau poste et on le quitte de plus en plus vite. On « consomme » des emplois, pour ainsi dire. Et de même que l'on abandonne les objets de consommation quand ils ne servent plus, de même fait-on avec le travail. Lorsque vous achetez une paire de chaussures ou une télévision, vous savez que vous allez en changer dans pas très longtemps. Il en est ainsi dans le domaine professionnel : lorsque vous acceptez un nouveau poste, vous savez que vous le quitterez bientôt pour en prendre un autre.

« Sois loyal envers ton entreprise, et ton entreprise sera loyale envers toi » : telle était la devise à l'époque où mon père a commencé sa carrière. De nos jours, il n'y a plus grand monde pour croire à cela. Travailler quelque part, ce n'est plus comme un mariage (ou plutôt, vu le taux de divorces à l'heure actuelle, on pourrait dire que c'est exactement comme un mariage : ça ne durera probablement pas très longtemps). Zygmunt Bauman écrit que, « pour la grande majorité des gens (si ce n'est, en tout cas pour l'instant, pour quelques professions hautement qualifiées et très privilégiées), la perspective de construire une identité pour toute la vie fondée sur le travail est morte et enterrée[12] ». Apparemment, Bauman part du principe que la fin du concept d'emploi à vie a été imposée aux travailleurs contre leur gré. On sent plus qu'une pointe de nostalgie pour le « bon vieux temps ». Il semble ignorer qu'à l'heure actuelle l'emploi à vie n'est pas nécessairement ce que les gens souhaitent. Dans une entreprise moyenne, la moitié des employés partent au bout de cinq ans et les employeurs ont de plus en plus de mal à *garder* leur personnel.

Personne ne les force à partir ailleurs. La plupart du temps, ce sont eux qui décident de le faire parce qu'ils pensent que ce sera plus gratifiant.
On a tendance à suivre la logique de Pickles, le chien, dans *L'Avis des animaux (Creature Comforts)*, la série de films d'animation britannique :

> Si tu travailles tous les jours et que tu fais quelque chose qui te plaît pas, la vie doit être misérable, tu vois, et si tu fais quelque chose qui te plaît pas, je comprends pas pourquoi tu changes pas de travail pour faire quelque chose que tu aimes parce que, tu vois, autant profiter de la vie vu que tu vis pas très longtemps, donc autant te plaire dans ce que tu fais quand tu travailles, et moi j'aime vraiment ce que je fais et s'il m'arrivait de faire quelque chose que j'aime pas, j'arrêterais immédiatement pour faire quelque chose qui me plaît vraiment parce que j'aime profiter de la vie, tu vois.

Cela me paraît un argument tout à fait recevable : on devrait aimer son travail, vu qu'il occupe une grande partie de ce temps limité sur terre. Pourtant, on ne cesse de se demander s'il n'y aurait pas un poste plus amusant et plus gratifiant que celui que l'on occupe actuellement. Le problème, c'est que votre prochain job finira lui aussi par vous paraître décevant et donc vous en changerez à nouveau, et ce sera une déception de plus.
Je brosse à l'évidence un tableau assez sombre. Correspond-il vraiment à la réalité ? Je pense qu'il y a une part de vérité, mais une part seulement. Les

études sur la satisfaction professionnelle montrent clairement que le travail n'est pas ressenti comme une source de déception permanente. Dans les pays occidentaux, le taux de satisfaction est systématiquement élevé, et ce, depuis plusieurs décennies. Huit ou neuf employés sur dix déclarent qu'ils sont parfaitement ou très satisfaits de leur travail. On observe de légers changements parmi les plus jeunes et les plus âgés – les premiers sont légèrement plus contents que par le passé, et les seconds légèrement moins –, mais les chiffres globaux restent identiques. Ceux qui travaillent à plein-temps et à temps partiel affichent le même degré de contentement. De façon générale, les gens aiment leur travail. Néanmoins, la rotation du personnel s'accélère d'année en année. Donc, même si les employés semblent satisfaits de leur poste, ils ne sont pas épanouis au point de vouloir y rester très longtemps, en tout cas si on les compare au travailleur moyen d'il y a seulement quelques décennies. Ils passent leur temps à chercher quelque chose de mieux, de plus gratifiant ou de plus prestigieux – ou bien ils veulent du changement, tout simplement.

On continue à penser que le travail est une source de sens et d'identité importante. Malgré l'abondance dans laquelle on vit, on a besoin de lui pour des raisons existentielles. Et la consommation ne suffit pas à combler cette quête existentielle. Que ferait-on si le travail venait à disparaître, comme certains l'ont avancé ?

Le plein emploi est derrière nous

Cela fait près de vingt ans que je ne vis plus à Moss, ma ville natale, mais je vais souvent y rendre visite à ma famille. La ville a beaucoup changé en quelques décennies. Au fil des ans, il était difficile de ne pas remarquer que moins d'ouvriers quittaient l'usine à la fin de la journée. On devait aussi se rendre à l'évidence qu'à terme plus aucun pétrolier ne sortirait du chantier naval. Puis la verrerie et la cimenterie ont fermé. L'année dernière, même l'usine à papier, qui donnait à la ville son odeur distinctive, a fermé à son tour, et il ne reste pratiquement plus aucune industrie dans ce qui était autrefois une ville industrielle.

Tout cela sonne un peu comme le début d'une sombre histoire de chômage de masse, penserez-vous. Eh bien, en réalité, il n'y a pratiquement pas de chômage, et ce, quasiment depuis que les usines ont fermé ! On a créé de nouveaux emplois qui ont remplacé ceux qui ont été supprimés. Aujourd'hui, Moss ressemble peu ou prou à un gigantesque centre commercial, et même s'il m'arrive d'avoir la nostalgie de la vieille industrie – j'ai toujours eu une certaine attirance pour l'esthétique des usines –, la transition d'une société industrielle à une société postindustrielle semble s'être opérée relativement sans douleur.

Moss a aussi son festival d'art contemporain. Il y a quelques années, un artiste, qui avait entendu dire que le festival se tenait dans une ville industrielle en déclin, voulant bien faire, a décidé de présenter une installation pour les pauvres hères qui n'avaient rien à faire de toute la journée, puisqu'ils étaient forcément au chômage. L'installation en question, intitulée *Cinéma pour les chômeurs*, consistait en une série de films catastrophe hollywoodiens qui étaient montrés dans un cinéma de la ville – façon de suggérer avec humour que les chômeurs pourraient être beaucoup plus malheureux. L'artiste m'a demandé d'écrire quelques mots pour le catalogue qui accompagnait l'installation. J'ai rédigé un petit texte qui prédisait que très peu de spectateurs se déplaceraient pour aller voir les films. Ma prédiction s'est révélée juste. Durant les trois semaines où l'installation a été exposée, il n'y a eu que quelques rares visiteurs. Ou étaient passés tous les autres ? Au travail, tout simplement, puisqu'il n'y avait quasiment pas de chômeurs. À cet égard, Moss n'a rien d'atypique. Si l'on observe les tendances à l'œuvre dans les pays occidentaux, on constate que, même si le recours à la sous-traitance et à des technologies pauvres en main-d'œuvre détruit des emplois, il y a davantage de postes créés que d'emplois qui disparaissent.

Les chiffres du chômage sont néanmoins extrêmement élevés dans de nombreux pays à l'heure actuelle, notamment dans le sud de l'Europe, et en particulier pour les jeunes. Bien entendu, cela s'explique par la crise financière. Il est certain que le chômage baissera de nouveau lorsque la crise s'éloignera, mais on ne sait ni exactement quand ni à quel rythme. Notons également que la sous-traitance et l'innovation technologique ne sont pas la cause de cette hausse récente du chômage.

Si le passé et le présent constituent un guide fiable pour le futur, il n'y a guère de raison de s'inquiéter pour le long terme. Toutefois, il est toujours possible que les choses se déroulent autrement, car nous sommes au tout début d'une transformation complète de la sphère professionnelle. C'est ce qu'affirme Jeremy Rifkin, qui offre une vision déprimante de l'avenir du travail dans un ouvrage dont le titre, *La Fin du travail*, résume bien la pensée. Selon lui, les ordinateurs vont détruire des emplois à grande échelle. Il s'agit au fond d'une réaffirmation de la théorie de Marx selon laquelle les machines remplaceraient la main de l'homme au fur et à mesure que le travail se mécaniserait. Avec les technologies modernes, les opérations que les travailleurs accomplissent deviennent de plus en plus mécaniques, ouvrant la voie à un remplacement de l'homme par la machine. Dans *Le Capital*, Marx écrit ainsi : « Donc, dès que le maniement de l'outil échoit à la machine, la valeur d'échange de la force de travail s'évanouit en même temps que sa valeur d'usage. [...] [La machine] donne lieu à la révolte brutale de l'ouvrier contre le moyen de travail[1]. » C'est ce que souhaite le capitaliste, car les machines seront plus rentables et lui permettront d'avoir un contrôle absolu sur la production. Sur ce point, il semble que Henry Ford ait confirmé les prédictions de Marx lorsqu'il déclarait : « Au moins, je n'ai pas à discuter avec le syndicat du robot. » En fin de compte, cette évolution aboutirait à l'élimination du travailleur. Marx y voyait d'ailleurs une certaine ironie : le capitaliste creuserait sa propre tombe car l'élimination du travailleur entraînerait celle du consommateur, puisqu'il ne resterait pratiquement plus personne qui ait de l'argent pour acheter quoi que ce soit. La fin du travailleur serait donc celle du consommateur, mais ce serait surtout l'arrêt de mort du capitalisme lui-même. Le pronostic de Marx s'est révélé complètement erroné, puisque c'est exactement le contraire qui s'est produit. À mon avis, les prévisions de Rifkin ne se réaliseront pas davantage.

La technologie est un peu comme Janus, le dieu aux deux visages : à la fois libération et menace. Elle nous évite de devoir faire un travail qui peut être réalisé par des machines, mais elle signifie aussi que les travailleurs deviennent superflus. Dans *L'Âme de l'homme sous le socialisme*, Oscar Wilde affirme qu'« il y a quelque chose de dramatique dans ce fait qu'aussitôt que l'homme eut inventé une machine pour faire son travail, il commença à mourir de faim[2] ». L'écrivain déplore que les ouvriers aient perdu leur emploi dès que les machines sont apparues. Il explique par ailleurs que le genre de travail que les machines peuvent exécuter correspond précisément à ce que les hommes ne devraient pas avoir à faire.

> Tout travail non intellectuel, tout travail monotone, stupide, qui met en rapport avec des objets affreux et implique des conditions désagréables, doit être fait par les machines. Les machines doivent travailler pour nous dans les mines de charbon, assurer tous les services sanitaires, alimenter les chaudières des navires, nettoyer les rues, porter les lettres les jours de pluie et faire tout ce qui est ennuyeux ou pénible[3].

Wilde propose comme solution à ce problème le socialisme, c'est-à-dire que les machines appartiennent à la communauté, et que toute la communauté – donc pas seulement les propriétaires d'usine – puisse en bénéficier. Mais serait-on heureux dans un tel monde ?

On trouve une description de ce monde imaginaire dans *Le Pianiste déchaîné*, le premier roman de Kurt Vonnegut, dont l'action se déroule dans une société futuriste où les ordinateurs et les technologies de l'automatisation s'occupent de la quasi-totalité de la production. Très peu de gens ont besoin de travailler et tous les individus sont pris en charge. Pourtant, ils ne sont pas heureux pour autant, désorientés qu'ils sont dans ce monde sans travail. Seule une élite d'administrateurs et d'ingénieurs a un emploi, et donc un but dans la vie. Le personnage principal, Paul Proteus, est l'un de ces ingénieurs qui rejoignent une organisation révolutionnaire, la Ghost Shirt Society. Ses membres détruisent un grand nombre de machines, mais le roman se termine sur la prise de conscience qu'ils ne pourront pas renverser cette société sans travail.

Chez Vonnegut, la Ghost Shirt Society est un groupe néoluddite. Les luddites n'ont existé que pendant quelques années en Angleterre, de 1811 à 1816. Ces groupes d'hommes masqués détruisaient les machines, en particulier dans l'industrie textile. Leur nom venait de Ned Ludd, l'homme auquel ils avaient prêté allégeance. On sait très peu de choses de ce Ludd, si ce n'est qu'en 1779 il aurait cambriolé une maison dans le Leicestershire et, pris de furie, aurait détruit deux métiers à tisser. À la suite de cet épisode, chaque fois que l'on retrouvait une machine sabotée – en particulier des métiers à tisser –, on lui en attribuait la responsabilité. On présente généralement les luddites comme des individus opposés aux nouvelles technologies, mais il faut garder à l'esprit que lorsqu'ils ont commencé à détruire des métiers à tisser, cela faisait déjà plus de deux cent vingt ans que ceux-ci étaient utilisés. On peut donc difficilement parler de nouvelles technologies. Peu d'innovations technologiques ont échappé aux attaques féroces des générations de luddites successives, même si ces attaques étaient généralement plutôt verbales que physiques.

Il y a même en économie une idée fausse qui a pris leur nom : le luddisme, croyance selon laquelle les technologies économes en main-d'œuvre entraînent une hausse du chômage en réduisant la demande de travail. À première vue, l'idée semble assez logique. Après tout, on serait enclin à penser que c'est effectivement ce qui est amené à se produire. Il s'agit pourtant d'une idée fausse, car les technologies économes en main-d'œuvre accroissent la productivité des travailleurs, ce qui diminue le prix des produits et entraîne une augmentation de la demande. Du fait de cette hausse de la demande de biens, il n'y a pas nécessairement de baisse de la demande de main-d'œuvre. Si les luddites avaient vu juste, presque aucun d'entre nous n'aurait de travail à l'heure qu'il est, vu le développement technologique extrême que l'on observe depuis deux siècles.

Cela dit, on pourrait avancer que la raison pour laquelle l'automatisation n'a pas entraîné davantage de chômage est à rechercher dans la diminution spectaculaire du temps de travail. Mais cela n'expliquerait pas grand-chose, car l'augmentation de la productivité a été beaucoup plus importante que l'allégement des horaires de travail. Aujourd'hui, on travaille en moyenne deux fois moins qu'en 1850, mais chaque heure produit vingt-cinq fois plus de valeur.

Le chômage de masse dû aux nouvelles technologies ne s'est encore jamais matérialisé. En vérité, les emplois qui ont disparu ont été plus que remplacés par de nouveaux postes. Cela est également valable pour l'ère de l'informatique. Les nouvelles technologies détruisent et créent des emplois, et jusqu'à présent l'effet net a été de créer beaucoup plus de postes qu'elles n'en ont détruit. Bien entendu, rien ne garantit que cela continue. Je doute que l'on puisse faire des prévisions sensées concernant le marché du travail, tout simplement parce qu'à l'heure actuelle on ignore quelles seront les innovations de demain. Il est déjà notoirement difficile de prédire quels sont les emplois qui seront les plus demandés d'ici à quelques années. Le marché du travail peut évoluer très rapidement. Dans les années 1980, qui aurait pensé que les webdesigners seraient bientôt tellement recherchés ? Pratiquement personne. Or, dans les années 1990, on avait l'impression qu'un employé sur deux exerçait ce métier. Lorsque la bulle Internet a explosé, beaucoup d'entre eux se sont retrouvés au chômage. Du jour au lendemain, tous les serveurs de café et de restaurant qui prétendaient être « en réalité » des comédiens ont été rejoints par une série de nouveaux collègues qui affirmaient être « en réalité » des webdesigners. Aujourd'hui, une grande partie d'entre eux se sont apparemment reconvertis en garçons de café, en tout cas dans mon quartier, où les cafés ont poussé comme des champignons. Il y a dix ans, le marché des webdesigners était en plein essor et, à l'inverse, les garçons de café n'étaient pas très demandés. Il est donc difficile de prédire quelles professions seront recherchées dans dix ans.

Les spéculations sur la fin du travail ont eu tendance à se concentrer sur l'introduction des nouvelles technologies. Pourtant, dans le commerce de détail, l'apparition des magasins en libre-service a eu un impact beaucoup plus important que n'importe quelle innovation technologique. On a également assisté à l'explosion des produits que le consommateur doit assembler chez lui, comme les meubles Ikea. Je me demande combien d'étagères Ikea j'ai montées ces quinze ou vingt dernières années et combien d'injures j'ai prononcées à cette occasion, vu que je n'ai vraiment pas hérité des talents de bricoleur de mon père. Le consommateur devient ainsi producteur, dans une certaine mesure, ce qui contribue à brouiller encore un peu plus la distinction entre les deux.

On aurait pu penser que ce processus génère du chômage, les usines et les magasins ayant besoin de moins de personnel, puisque les clients font une bonne partie du travail eux-mêmes. Or c'est tout le contraire qui s'est produit : la demande a augmenté – les meubles à monter étant relativement bon marché – et, avec elle, le nombre d'emplois.

Certains pourraient rétorquer à cela que des postes ont bel et bien été créés, mais ailleurs, vu que la production a été externalisée. En fait, la sous-traitance entraîne souvent une *augmentation* du personnel dans le pays d'origine. Ce phénomène a été documenté très clairement pour le secteur des technologies de l'information : l'étude menée en 2005 par les économistes Nariman Behravesh et Lawrence

Klein (Prix Nobel 1980) a conclu que l'externalisation avait *augmenté* l'emploi aux États-Unis et, de surcroît, entraîné une hausse des salaires réels des travailleurs. En sous-traitant certains services, les entreprises économisent des ressources qui leur permettent de grossir et de recruter davantage de personnel.

Jusqu'à présent, toutes les mises en garde annonçant la fin du travail se sont révélées fausses. Les dernières décennies ont, au contraire, été des années de croissance remarquable, avec la création constante de nouveaux emplois, même si l'on note des différences importantes entre les pays. Il n'est pas exclu que le travail tel que nous le connaissons finisse par arriver à son terme, mais on peut être relativement certain que ce n'est pas pour demain.

Dans la *Condition de l'homme moderne*, Hannah Arendt explique que le monde moderne a tellement glorifié le travail que l'on a perdu de vue ce que la vie humaine pourrait ou devrait être sans lui. « C'est une société de travailleurs que l'on va délivrer des chaînes du travail, et cette société ne sait plus rien des activités plus hautes et plus enrichissantes pour lesquelles il vaudrait la peine de gagner cette liberté[4]. » Difficile de ne pas être d'accord avec ce qu'elle affirme, à savoir que la culture moderne a placé le travail au cœur même de son idéologie. En revanche, je suis en total désaccord avec l'idée que nous sommes sur le point d'être « libérés » du travail. Le problème d'Arendt, c'est qu'elle est tellement attachée à sa propre vision du travail qu'elle n'arrive pas à voir que celui-ci ne disparaît pas : il se transforme. Le travail va continuer à subir des mutations, et une bonne partie de ce qui est considéré comme tel aujourd'hui – et probablement encore plus dans le monde de demain – ressemblera sans doute beaucoup à ce que les générations précédentes auraient qualifié de loisir. Mais ce sera toujours du travail si nous choisissons de le nommer ainsi.

En guise de conclusion Ma solution personnelle

J'ai un point commun avec Paul Feyerabend, le célèbre philosophe des sciences. Quand nous étions enfants et que l'on nous demandait ce que nous voulions faire plus tard, nous répondions tous les deux : « Je veux prendre ma retraite. » Nous étions convaincus que les retraités avaient la belle vie, assis sur un banc à ne rien faire ou presque et à profiter du temps qui passe, alors que ceux qui travaillaient couraient dans tous les sens et n'avaient vraiment pas l'air aussi privilégiés. J'ai été extrêmement déçu quand on m'a expliqué que j'allais devoir travailler de longues années avant de pouvoir prendre ma retraite. À la fin de son autobiographie, *Tuer le temps*, Paul Feyerabend écrit : « Et c'est ainsi que, en fin de compte, mon désir enfantin devint réalité : j'étais retraité[1]. » On sent pourtant une pointe de regret lorsqu'il se plaint de ne plus vraiment avoir de but dans la vie et se demande que faire de cette liberté nouvellement acquise. J'ai encore trente ans devant moi d'ici à la retraite, et cette perspective est tellement lointaine que je n'ai pas encore d'idée claire de ce à quoi ma vie pourrait ressembler à ce moment-là. Bien sûr, je me prends parfois de nouveau à rêver de ne plus devoir travailler jusqu'à la fin de mes jours, mais finalement, je crois que je m'ennuierais vite.

Comme l'écrivait Jeremy Bentham : « Dans la mesure où le *travail* est pris dans son sens propre, l'*amour du travail* est une contradiction dans les termes[2]. » Bien évidemment, on peut aimer le travail, mais cela peut en soi devenir problématique. Il arrive qu'on aime tellement son métier que l'on passe à côté de choses qui, en fin de compte, sont beaucoup plus importantes. Je parle d'expérience. Pendant quelques années, j'étais probablement plus amoureux de mon travail que de quoi que ce soit d'autre – en tout cas, c'est ce qui m'apparaît avec le recul, quand je regarde ce qu'étaient mes priorités –, mais je n'en étais pas conscient à l'époque. Cela a commencé lorsque j'ai décroché une bourse importante de quatre ans pour écrire ma thèse sur la théorie de l'interprétation de Kant. J'ai vraiment travaillé très dur, à tel point que j'ai terminé plusieurs mois en avance. Parfait, me suis-je dit, maintenant je peux me payer le luxe de ne rien faire pendant quelques mois. Le problème, c'est que « ne rien faire » est vite devenu assommant. Je m'ennuyais tellement que j'ai dû écrire un livre sur l'ennui juste pour surmonter ce sentiment de vacuité qui m'envahissait. À ma grande surprise, le livre s'est bien vendu, et du coup j'étais tellement occupé par les interviews et les conférences que je n'ai pas eu le temps de m'ennuyer – enfin, jusqu'à ce que je m'habitue à toutes ces interviews et à tous les voyages que je faisais pour aller donner ces conférences, et que cela finisse aussi par me lasser. J'ai commencé à rêver de pouvoir simplement m'asseoir à mon bureau chez moi et écrire un livre ou deux. J'ai continué à travailler dur, et en cinq ans j'ai publié sept ouvrages et accepté un poste de professeur associé à l'université ; je suis devenu rédacteur en chef du *Norwegian Journal of Philosophy*, j'ai donné chaque semaine des conférences en dehors de l'université, rédigé une chronique pour un journal norvégien, animé un *talk-show* sur une chaîne nationale, accordé plusieurs interviews chaque semaine, et ainsi de suite.

Cela ressemble fort à la description d'un véritable *workaholic*. Le problème, c'est que même si toutes ces activités étaient le plus souvent sources de satisfaction, le travail – comme beaucoup d'autres phénomènes – constitue un exemple de rendement décroissant. Je travaillais tellement que j'avais trop peu de temps pour ma famille et mes amis, alors qu'en fait ils comptent beaucoup plus pour moi que n'importe quel job. Pendant toutes ces années, j'avais pourtant l'impression de les faire passer avant mon travail, mais si je regarde *a posteriori* les priorités de ma vie quotidienne, c'était clairement l'inverse. Dans un moment de clairvoyance comme je n'en ai eu que rarement dans ma vie, je me suis rendu compte que je devais réduire sensiblement ma charge de travail. Je n'ai pas arrêté de travailler,

mais j'ai considérablement allégé ma semaine, avec juste quelques heures de plus que l'horaire moyen. J'en suis toujours là aujourd'hui, et cela me convient parfaitement. L'éthique protestante me colle toujours à la peau, et si je devais travailler beaucoup moins, je serais probablement envahi par la culpabilité. La vie professionnelle continue à avoir de l'importance à mes yeux, mais je ne veux plus qu'elle prenne le pas sur tout le reste de ma vie.
Du coup, je suis loin d'être une recrue idéale sur le marché actuel du travail. Le travailleur idéal et flexible, c'est le *zero drag*[3]. Il s'agit d'une expression relativement nouvelle ; la première occurrence que j'ai trouvée date de 1999 :

> Tout est plus rapide. Le *zero drag* est optimal. Pendant un temps, on demandait en plaisantant aux personnes qui postulaient quel était leur *coefficient drag*. Étant donné que le bureau est à une heure de San Francisco, un appartement en ville représente une unité entière de *drag*. Un conjoint ? Coefficient un. Des enfants ? Un demi-point chacun[4].

L'employé *zero drag* n'a pas d'attaches, pas d'obligations : il est jeune, célibataire et sans enfants, n'a pas à s'occuper de parents âgés et fait des heures supplémentaires quand on le lui demande. C'est quelqu'un qui peut mettre les besoins de l'entreprise tout en haut de sa liste de priorités. L'entreprise, à son tour, veut encourager cela, et de plus en plus de sociétés offrent à leurs employés des services qui relèveraient normalement de leur temps libre : salles de gym, plats préparés ou nettoyage à sec. L'employé est ainsi censé percevoir son entreprise comme sa communauté principale. À noter que les cadres moyens ou supérieurs bénéficient beaucoup plus souvent de ce type de services que ceux qui occupent un poste subalterne. Il y a peu de raisons de supposer que les sociétés agissent par altruisme : elles ont plutôt dans l'idée que ces services permettront d'augmenter la productivité, puisque l'employé pourra rester une ou deux heures de plus au bureau. L'entreprise qui prend soin de son personnel le fait parce que c'est rentable. C'est d'ailleurs une motivation parfaitement légitime, mais on devrait avoir l'honnêteté de le reconnaître. On pourrait même dire qu'idéalement l'employé *zero drag* ne devrait pas avoir d'amis en dehors du bureau, car cela pourrait soustraire un temps précieux à l'entreprise. *A priori*, ce serait beaucoup mieux si les collègues étaient en même temps des amis. Mais en général, les personnes avec lesquelles on travaille ne sont pas les amis les plus proches. Comme le dit Tim, dans *The Office* :

> Les gens avec qui tu travailles sont des gens qu'on a juste collés avec toi. Tu ne les connais pas, tu ne les as pas choisis, je veux dire. Et pourtant, tu passes plus de temps avec eux qu'avec tes amis ou ta famille. Or tout ce que vous avez en commun, c'est probablement le fait de marcher sur le même bout de tapis huit heures par jour.

Sauf que, dans le cas de l'employé *zero drag*, ce serait plutôt quinze heures par jour.
Avec l'élimination des distinctions entre job et hobby, entre travail et loisirs, le travail peut devenir l'axe central autour duquel tout le reste s'organise : il devient comme une seconde maison, ou même l'endroit où l'on se sent le plus chez soi ; notre profession semble nous apporter une grande partie du sens dont nous avons besoin. Si l'on pense réellement avoir trouvé le métier idéal, on est probablement bien parti pour perdre de vue les choses vraiment importantes dans notre vie. Il est toujours dangereux qu'une source de sens en vienne à dominer toutes les autres ; il y a une grande différence entre reconnaître au travail la capacité à procurer un sentiment d'estime de soi ainsi qu'un but dans l'existence et aller jusqu'à faire du travail l'essence même de sa vie. On ne devrait pas croire Thomas Carlyle lorsqu'il dit : « Bienheureux celui qui a trouvé sa tâche ; qu'il ne demande pas d'autre bénédiction. Il a sa tâche, un but de vie qu'il a trouvé et qu'il suivra[5] ! » Je dirais plutôt : « Maudit soit celui qui pense qu'il n'y a rien de plus que le travail dans la vie. »
Si l'on aspire au bonheur dans la vie – ce qui est le cas, du moins si Aristote avait raison en affirmant que le bonheur est la seule chose que l'on recherche comme fin en soi –, le travail jouera probablement un rôle important dans cette quête. Il faut avoir conscience que certains aspects de la vie professionnelle, comme les augmentations de salaire ou

les promotions, ont généralement un impact très limité sur notre satisfaction globale. Apparemment, les biens internes comptent beaucoup plus que les biens externes. Mais nous pouvons aussi devenir accros à ces biens internes quand le travail nous satisfait pleinement, et cela peut poser problème. Même dans la vie professionnelle flexible et plus décousue que nous connaissons aujourd'hui, le travail est à certains égards une composante plus stable et plus fiable de notre vie que beaucoup d'autres domaines. Pour ne prendre qu'un exemple, la probabilité de divorcer est beaucoup plus élevée que celle de se faire licencier. Notre boulot peut être beaucoup moins exigeant que notre conjoint. C'est en tout cas ce que pensait Samuel Pepys, qui écrivait le 7 novembre 1668 dans son journal : « Debout, et au bureau toute la matinée ; et de même après le dîner et jusque tard ; je préfère m'occuper plutôt que de rentrer à la maison pour me quereller avec mon épouse. » Pepys était connu pour être un bourreau de travail, un *workaholic*.

Le terme *workaholic* a été inventé en 1968 par le révérend Wayne Oates, un pasteur baptiste et écrivain qui travaillait énormément et qui avait peu de temps à consacrer à sa famille. Un jour, son fils de cinq ans a demandé à prendre rendez-vous pour le voir. Oates a alors pris conscience qu'il y avait quelque chose qui clochait dans son mode de vie. En 1971, il a publié *Confessions d'un workaholic*[6], ouvrage qui a fait connaître le terme au grand public. On ne peut pas dire qu'il ait montré l'exemple, puisqu'il a écrit pas moins de cinquante-sept livres jusqu'à sa mort, en 1999.

Le *workaholic* voit dans le travail une fin en soi plutôt qu'un moyen pour parvenir à une fin. Tout s'organise autour de sa vie professionnelle. C'est un drogué. Et qu'est-ce qui différencie le drogué d'une personne « normale » ? Tout dépend de la nature de l'addiction, mais il y a un aspect que l'on retrouve toujours : ce à quoi l'on est accro – drogue, sexe ou travail – devient la source principale de sens dans la vie. Tout le reste tourne autour. Dans le film *Trainspotting*, le personnage principal explique que si la vie d'une personne ordinaire présente son lot de problèmes divers et variés, le toxicomane, lui, a réussi à tout réduire à un problème unique – sauf qu'il est de taille. En ce sens, le *workaholic* n'est pas si différent de celui qui se drogue.

Le bonheur ne se réduit pas au travail, loin de là. Le héros de *La Mort d'Ivan Ilitch*, la nouvelle de Tolstoï, est un exemple littéraire célèbre de quelqu'un qui ne l'a pas compris. Ivan devient de plus en plus obsédé par ses fonctions officielles. Lorsqu'il se marie, il est avant tout inquiet à l'idée que son mariage puisse chambouler sa vie professionnelle. Ce qui est triste, c'est qu'avant de mourir il se rend compte qu'il a gâché sa vie : il s'est tellement absorbé dans son travail qu'il est passé à côté de beaucoup de choses, et surtout il n'a pas su établir de relations intimes avec les autres.

La vie humaine est compliquée, riche et multiforme. Aucun autre animal ne dispose d'une palette de possibilités aussi large. Même si nous avons *a priori* trouvé le job parfait, celui pour lequel on pense être fait, il ne va pas nous engager en tant qu'être humain dans son ensemble. Il est assez évident que nous avons besoin de quelque chose de plus que le travail dans la vie. Un métier, ce n'est pas une vie.

La plupart des gens ne sont probablement pas entièrement satisfaits de leur travail, ce qui en soi peut les rendre malheureux. C'est comme dans la chanson des Smiths : « Je cherchais du boulot, et j'ai trouvé du boulot / Et Dieu sait combien je suis malheureux maintenant. » Nous avons souvent des attentes totalement irréalistes par rapport au travail, comme d'ailleurs pour la plupart des choses de notre vie. Nous ne sommes plus à la recherche du salut spirituel, mais du bonheur parfait. Et le bonheur lui-même n'est plus une chose à laquelle nous avons tous le droit d'*aspirer*, mais plutôt quelque chose qui nous est *dû*. En résumé, celui qui n'arrive pas à trouver ce bonheur total est un loser. Comme l'a fait remarquer le philosophe Pascal Bruckner, nous vivons probablement dans la première société où des individus sont malheureux uniquement parce qu'ils ne parviennent pas à trouver le bonheur parfait[7]. Ainsi, notre incapacité à atteindre cet état de bonheur intégral – un idéal totalement irréaliste – nous rend malheureux. Mais il faudrait peut-être alors prendre quelques minutes pour étudier la possibilité que le problème ne vienne pas nécessairement du travail, mais des attentes que l'on projette dessus.

Il nous arrive à tous de trouver notre boulot ennuyeux. La question est donc de savoir si nous pouvons accepter de vivre avec cet ennui. Comme l'écrit Joseph Brodsky : « Vous vous lasserez de votre travail, de vos amis, de vos conjoints, de vos amants, de la vue depuis votre fenêtre, des meubles ou du papier peint dans votre chambre, de vos pensées, de vous-même[8]. » Pour échapper à cet ennui, on change de job, d'amis, de conjoint, de papier peint, d'appartement et on recommence tout à zéro. La vie devient une suite de commencements. Plutôt que l'idée nietzschéenne de l'éternel retour du *même*, nos existences en viennent à être structurées par ce que Walter Benjamin décrivait comme l'essence de la mode : l'éternel retour du *nouveau*[9]. Mais c'est loin d'être un idéal de vie. Un peu plus loin, Brodsky ajoute :

> Il n'y a rien de mal à faire de sa vie une quête incessante d'alternatives, à changer constamment de travail, de conjoint et d'environnement, pour autant qu'on puisse se permettre la pension alimentaire et l'écheveau des souvenirs. Après tout, c'est une philosophie qui a eu son heure de gloire à l'écran et dans la poésie romantique. Mais le problème, c'est que cette quête devient très vite une activité à plein-temps et que ce besoin de changement commence à s'apparenter à la dose quotidienne du toxicomane[10].

Avec une telle approche, on laisse littéralement l'ennui prendre le contrôle de sa vie, puisque l'on passe son temps à essayer de l'éviter. Et l'on ne pourra qu'être déçu si l'on place la barre trop haut. La déception suppose une attente, et si les attentes sont très élevées, la probabilité d'être déçu est d'autant plus grande. Si nous attendons du travail qu'il donne à notre vie son sens ultime, nous serons forcément désappointés. Cela vaut également pour l'amour, l'amitié, l'art et tout le reste. Il n'y a pas de sens ultime. Rien n'est suffisant en soi.

Cela dit, on ne réglera pas le problème en devenant cynique. Dans la Grèce antique, les cyniques étaient un groupe de philosophes qui, conscients des difficultés de la vie, pensaient avoir trouvé la méthode idéale pour s'y confronter. On peut résumer leur philosophie en quelques mots : rien n'est vraiment important. Bien sûr, il y aurait beaucoup plus à dire sur eux, mais c'est vraiment ce qui résume leur pensée. Évidemment, ils avaient tort. Il y a beaucoup de choses qui ont de l'importance.

Étant donné que notre vie professionnelle est devenue beaucoup plus instable – on ne garde certainement plus le même travail toute sa vie –, il pourrait sembler avisé de moins s'en remettre à elle pour ce qui est de notre identité. Mais ce genre d'attitude pourrait entraîner de l'indifférence, et du coup le travail ne compterait certainement pas beaucoup dans notre vie, si ce n'est comme source de revenu. Je pense que l'on devrait plutôt s'engager dans son travail, car cet engagement est une condition nécessaire pour y trouver un véritable sens, tout en ne perdant pas de vue qu'il représente seulement une source de sens parmi d'autres. Pour reprendre la phrase de Woody Allen : « Je ne cherche pas à gagner l'immortalité par mon travail... Je veux y parvenir en évitant de mourir. » Vu que l'immortalité n'est pas une option, on devrait probablement se fixer un objectif un peu moins ambitieux : une vie relativement équilibrée, par exemple.

Comme je l'avais annoncé dans mon introduction, je n'ai pas cherché dans cet ouvrage à soutenir une « thèse » spécifique sur le travail ni à présenter au lecteur des instructions sur la façon dont il devrait l'aborder. Cela dit, il est évident qu'une certaine image en ressort, qui montre que, si l'on observe l'évolution historique, on constate que les conditions de travail ne sont pas particulièrement dures aujourd'hui, que la plupart d'entre nous jouissons d'une très grande richesse matérielle et que nos attentes vis-à-vis de notre profession n'ont jamais été aussi élevées. J'ai également cité Wittgenstein, qui définissait la philosophie comme un travail sur soi-même, sur sa propre conception du monde, sur la façon dont on voit les choses et ce que l'on en attend. J'ai l'impression qu'aujourd'hui nous attendons souvent trop du travail, nous lui demandons de nous fournir une grande partie du sens dont nous avons besoin dans la vie. Comme ces exigences sont presque toujours déçues, nous devenons des nomades du travail, passant d'un boulot à un autre sans jamais trouver ce que nous cherchons.

Et lorsque, au contraire, elles sont comblées, nous avons sans doute un problème encore plus grand, car nous courons alors le risque d'ignorer toutes ces choses qui sont plus importantes que notre métier. Notre rapport au travail apparaît alors comme une illustration parfaite de la célèbre phrase d'Oscar Wilde dans *L'Éventail de Lady Windermere* : « Dans ce monde, il n'y a que deux tragédies. La première est de ne pas obtenir ce que l'on veut, et la seconde est de l'obtenir. La dernière est de loin la pire, la dernière est une véritable tragédie[11] ! » Cela dit, rares sont ceux qui décriraient leur vie professionnelle comme une tragédie. Le travail a changé du tout au tout en très peu de temps ; il ne tient qu'à nous de décider quelle importance nous voulons lui accorder dans notre vie.

Notes

Introduction
Mais qu'est-ce donc que travailler ?

1. Alfred Marshall, *Principes d'économie politique,* trad. F. Sauvaire-Jourdan et F. Savinien Bouyssy, liv. II, chap. III, Paris, Giard et Brière, 1906, p. 177.
2. George Orwell, *Dans la dèche à Paris et à Londres,* trad. M. Pétris, Paris, Ivrea, 1993, p. 225-226.
3. Bertrand Russell, *La Conquête du bonheur,* trad. N. Robinot, Paris, Petite Bibliothèque Payot, 2001, p. 191.
4. Karl Marx, *Un chapitre inédit du* Capital, trad. Roger Dangeville, II, E, Paris, 10/18, 1971.

De l'esclavage antique à l'*open space*

1. Hésiode, *Les Travaux et les Jours,* trad. P. Brunet, Paris, Le Livre de Poche, 1999, p. 108.
2. Aristote, *Politique,* 1258 b 35.
3. *Ibid.,* 1337 b.
4. *Ibid.,* 1258 b 35, 1330 a 26.
5. Platon, *La République,* 495, 590.
6. *Ibid.,* 405-408, 535 d.
7. Xénophon, *De l'économie,* chap. IV, in *Œuvres complètes,* trad. E. Talbot, t. I, Paris, Hachette, 1859, p. 147.
8. Aristote, *Politique,* 1337 b 7 et 1341 a 7, trad. J. Tricot, Paris, Librairie philosophique J. Vrin, 1995.
9. *Ibid.,* 1333 a.
10. Platon, *Les Lois,* liv. IV, 705 a.
11. *Ibid.,* 915-920.
12. Aristote, *Politique,* 1328 b 35.
13. *Ibid.,* 1258.

14. Martin Luther, *Prélude sur la captivité babylonienne de l'Église*, trad. R.-H. Esnault in *Œuvres*, t. II, Genève, Labor et Fides, 1966, p. 219.
15. Max Weber, *L'Éthique protestante et l'esprit du capitalisme*, trad. J. Chavy, Paris, Plon, 1964, p. 74.
16. Thomas Carlyle, *Cathédrales d'autrefois et usines d'aujourd'hui : passé et présent*, trad. C. Bos, Paris, Éditions de La Revue blanche, 1901, p. 309.
17. *Ibid.*, p. 310.
18. John Stuart Mill, *La Question noire, une réponse à Thomas Carlyle*, in Thomas Carlyle, *Discours de circonstance sur la question noire*, Paris, Fayard, Mille et une nuits, 2010, p. 87-88.
19. Joshua Ferris, *Open Space*, trad. H. Pascal, Paris, Denoël, 2007, p. 15.

Sisyphe sur le chemin de la liberte

1. Albert Camus, *Le Mythe de Sisyphe*, Paris, Gallimard, 1942, p. 163.
2. *Ibid*, p. 168.
3. Emmanuel Kant, *Traité de pédagogie*, trad. P.-J. About, Paris, Hachette, 1981.
4. Emmanuel Kant, *Anthropologie du point de vue pragmatique*, trad. A. Renaut, Paris, Garnier Flammarion, 1993.
5. Emmanuel Kant, *Leçons d'éthique*, trad. L. Langlois, Paris, Le Livre de Poche, 1997, p. 285-286.
6. Joshua Ferris, *Open Space*, trad. H. Pascal, Paris, Denoël, 2007, p. 305.
7. Dostoïevski, *Récits de la maison des morts*, trad. P. Pascal, Paris, Garnier Flammarion, 1980, p. 66.
8. Adam Smith, *La Richesse des nations*, trad. G. Garnier, liv. I, chap. I, Paris, Garnier Flammarion, 1991, p. 72.
9. *Ibid.*, liv. V, chap. I, p. 71.
10. *Ibid.*, liv. I, chap. VIII.
11. Karl Marx et Friedrich Engels, *L'Idéologie allemande*, trad. G. Badia, Paris, Éditions sociales, 1968, p. 63.
12. Karl Marx, *Le Capital*, trad. J. Roy, vol. III, section VII, chap. XLVIII, Paris, Éditions sociales, 1969.
13. Richard Florida, *The Rise of the Creative Class* [L'Essor de la classe créative], New York, Basic Books, 2002, p. 5.
14. *Ibid.*, p. 8.
15. Richard Sennett, *The Corrosion of Character : The Personal Consequences of Work in the New Capitalism* [La Corrosion du

caractère : les conséquences personnelles du travail dans le nouveau capitalisme], New York, Norton, 1998, p. 31.
16. Bertrand Russell, *La Conquête du bonheur*, trad. N. Rabinot, Paris, Petite Bibliothèque Payot, 2001, p. 200.
17. Hannah Arendt, *Condition de l'homme moderne*, in *L'Humaine Condition*, trad. G. Fradier, Paris, Gallimard, 2012.
18. Robert Nozick, *Anarchie, État et utopie*, trad. P.-E. Dauzat, Paris, PUF, 2008, p. 64.

Les corvées, c'est pour qui ?

1. Platon, *La République*, trad. L. Robin, liv. IV, 433 a, Paris, Gallimard, Bibliothèque de la Pléiade, p. 998.
2. Aristote, *Politique*, 1254.
3. *Ibid.*, 1255.
4. William James, *The Moral Philosopher and the Moral Life* [Le Philosophe moral et la vie morale], in *The Will to Believe, and Other Essays in Popular Philosophy*, New York, Longmans, Green & Co, 1915.

La société des loisirs hyperactifs

1. Olaf Gersemann, *Cowboy Capitalism: European Myths about the American Reality* [Le Capitalisme de cow-boy : mythes européens et réalité américaine], Washington, DC, Cato Institute, 2005, p. 123.
2. Titre original : *Time for Life*.
3. Gordon Waddell et A. Kim Burton, *Is Work Good for Your Health and Well-Being?* [Le travail est-il bon pour la santé et le bien-être ?], Londres, TSO, 2006.
4. Arlie Russell Hochschild, *The Time Bind: When Work Becomes Home and Home Becomes Work* [Le Piège du temps : quand le lieu de travail devient la maison et la maison le lieu de travail], 2e éd., New York, Henry Hol, 2000.
5. Hérodote, *L'Enquête*, liv. II, §173, trad. A. Barguet, Paris, Folio classique, 2011, p. 257.
6. Henry Ford et Samuel Crowther [1922], *My Life and Work* [Ma vie et mon travail], Whitefish (MT), Kessinger, 2003.
7. Mark Twain, *Les Aventures de Tom Sawyer*, trad. F. de Gaïl, chap. II, Paris, Folio Junior, 2008.
8. Friedrich Nietzsche, *Par-delà le bien et le mal*, trad. H. Albert, Paris, Mercure de France, 1913, p. 150-151.

9. Bertrand Russell, *La Conquête du bonheur*, trad. N. Robinot, Paris, Petite Bibliothèque Payot, p. 192.
10. *Ibid.*
11. Thomas Hobbes, *De Homine. Traité de l'homme*, trad. P.-M. Maurin, Paris, Blanchard, 1974, XI, 11.
12. Gilbert Keith Chesterton, *A Selection from His Non-Fictional Prose* [Essais choisis], Londres, Faber, 1970, p. 271.
13. Herbert Spencer, *Essays: Scientific, Political and Speculative* [Essais scientifiques, politiques et spéculatifs], vol. III, Londres, Williams & Norgate, 1891, p. 483.

La pseudo-philosophie du management

1. Emmanuel Kant, *Métaphysique des mœurs I. Fondation, introduction*, Paris, Garnier Flammarion, trad. A. Renaut, 1999, p. 108.
2. Lénine, « Le système tayloriste : l'esclavage de l'homme par la machine », *Pout Pravdy*, 13 mars 1914.
3. Lénine, *La Maladie infantile du communisme (le « gauchisme »)*, Moscou, Éditions du Progrès, 1979.
4. Frederick Winslow Taylor, *Principes d'organisation scientifique des usines*, trad. J. Royer, Paris, Dunod et Pinat, 1912.
5. Jeremy Bentham, *Le Panoptique*, trad. M. Sissung, Paris, Belfond, 1977.
6. Titre original : *Moses on Management: 50 Leadership Lessons from the Greatest Manager of All Time.*
7. Titre original : *Moses, CEO: Lessons in Leadership.*
8. Titre original : *Jesus CEO: Using Ancient Wisdom for Visionary Leadership.*
9. Titre original : *Confucius in the Boardroom: Ancient Wisdom, Modern Lessons for Business.*
10. Titre original : *Shakespeare in Charge: The Bard's Guide to Leading and Succeeding on the Business Stage.*
11. Titre original : *Power Plays: Shakespeare's Lessons in Leadership and Management.*
12. Titre original : *Goldilocks on Management.*
13. Titre original : *Leadership Sopranos Style.*
14. Titre original : *Tony Soprano on Management.*
15. Paris, Éditions First, 1991.
16. Titre original : *Victory Secrets of Attila the Hun.*

Dis-moi combien tu gagnes, je te dirai ce que tu vaux

1. Robert E. Lane, *The Loss of Happiness in Market Democracies* [La Perte du bonheur dans les démocraties de marché], New Haven, CT, Yale University Press, 2000, p. 59-76.
2. Adam Smith, *La Richesse des nations*, trad. G. Garnier, liv. I, chap. VIII, Paris, Garnier Flammarion, 1991, p. 153.
3. Adam Smith, *Théorie des sentiments moraux*, trad. M. Biziou, C. Gautier et J.-F. Pradeau, Paris, PUF, 1999, p. 382.
4. Richard Seaford, *Money and the Early Greek Mind* [L'Argent et l'esprit grec ancien], Cambridge, Cambridge University Press, 2004.
5. Arthur Young, *Le Cultivateur anglois, ou Œuvres choisies d'agriculture et d'économie rurale et politique*, trad. Lamarre, Benoist et Billecocq, Paris, Maradan, 1801.
6. Adam Smith, *La Richesse des nations*, trad. G. Garnier, liv. I, chap VIII, 1991, p. 150.
7. Karl Marx, *Critique du programme de Gotha*, trad. S. Dayan-Herzbrun, Paris, Éditions sociales, 2008, p. 60.

De l'abondance malheureuse à la sobriété joyeuses

1. John Maynard Keynes, *Essais de persuasion*, trad. H. Jacoby, Paris, Gallimard, 1933, p. 203.
2. Titre original : *The Age of Abundance.*
3. Robert Sennett, *La Culture du nouveau capitalisme*, trad. P.-E. Dauzat, Paris, Albin Michel, 2006.
4. Titre original : *Complete Book of Running.*
5. Titre original : *The Age of Abundance.*
6. Titre original : *Nickel and Dimed.*
7. Herbert Spencer, *A Speech: Delivered on the Occasion of a Complimentary Dinner in New York, on November 9, 1882* [Discours à l'occasion d'un dîner à New York, le 9 novembre 1882], in *Essays: Scientific, Political, and Speculative*, vol. III, Londres, Williams & Norgate, 1891.
8. Adam Smith, *La Richesse des nations*, trad. G. Garnier, t. I, liv. I, chap. II, Paris, Garnier Flammarion, 1991, p. 507.
9. Georg Wilhelm Friedrich Hegel, *Principes de la philosophie du droit*, trad. J.-L. Vieillard-Baron, §44, Paris, Garnier Flammarion, 1999.

10. Adam Smith, *Recherches sur la nature et les causes de la richesse des nations*, trad. G. Garnier, t. I, liv. I, chap. XI, Paris, Flammarion, 1991, p. 243.
11. Friedrich Nietzsche, *Le Gai Savoir*, trad. H. Albert, §42, Paris, Mercure de France, 1930.
12. Zygmunt Bauman, *Work, Consumerism and the New Poor* [Travail, consumérisme et nouveaux pauvres], Buckingham, Open University Press, 2004, p. 27.

Le plein emploi est derrière nous

1. Karl Marx, *Le Capital*, trad. J. Roy, liv. I, section V, chap. XV, Paris, Éditions Maurice Lachâtre, 1872.
2. Oscar Wilde, *L'Âme de l'homme sous le socialisme*, trad. J. Cantel, Paris, Fayard, Mille et une nuits, 2013, p. 34.
3. *Ibid.*, p. 34-35.
4. Hannah Arendt, *Condition de l'homme moderne*, in *L'Humaine Condition*, trad. G. Fradier, Paris, Gallimard, 2012, p. 62.

En guise de conclusion
Ma solution personnelle

1. Paul Feyerabend, *Tuer le temps*, trad. B. Jurdant, Paris, Le Seuil, 1998, p. 213.
2. Jeremy Bentham, « Tableau des ressorts de nos actions », in *Deontology. Together with a Table of the Springs of Action and Article on Utilitarianism*, Oxford, Clarendon Press, 1983, p. 104.
3. Littéralement : sans frottement, et par extension sans attaches, sans obligations. (NdT)
4. Po Bronson, « Instant Company », *New York Times*, 11 juillet 1999.
5. Thomas Carlyle, *Cathédrales d'autrefois et usines d'aujourd'hui : passé et présent*, trad. C. Bos, Paris, Éditions de La Revue blanche, 1901, p. 311.
6. Titre original : *Confessions of a Workaholic.*
7. Pascal Bruckner, *L'Euphorie perpétuelle. Essai sur le devoir de bonheur*, Paris, Grasset, 2000.
8. Joseph Brodsky, *On Grief and Reason: Essays* [La Peine et la Raison : essais], Londres, Hamish Hamilton, 1996, p. 109.
9. Walter Benjamin, *Zentralpark*, in *Gesammelte Schiften Band I* [Œuvres complètes, vol. I], Francfort-sur-le-Main, Suhrkamp, 1991.

10. Joseph Brodsky, *On Grief and Reason: Essays* [La Peine et la Raison : essais], *op. cit.*, p. 109.
11. Oscar Wilde, *L'Éventail de Lady Windermere,* trad. J.-M. Déprats, Folio théâtre, 2007, p. 146.

Table des matières

Achevé d'imprimer en juillet 2013
par Grafica Veneta, Italie,
pour le compte des Éditions Autrement,
77, rue du Faubourg-Saint-Antoine, 75011 Paris.
Tél. : 01 44 73 80 00. Fax : 01 44 73 00 12.
N° d'édition : L.69EHAN000945.N001.
ISBN : 978-2-7467-3529-3. ISSN : 2262-1040
Dépôt légal : septembre 2013.
Imprimé et broché en Italie.